疲れない体をつくる「和」の身体作法

—能に学ぶ深層筋エクササイズ—

安田 登

祥伝社黄金文庫

はじめに

「あ〜、体の中から疲れた」

そう言って、ひとりの小学生が床に倒れこんでしまいました。

東京都主催の「子ども能《のう》ちゃれんじ」で小学生に謡《うたい》（能の歌）の稽古《けいこ》をしたときのことでした。稽古を始めて五分後くらいから、子どもたちが「すごく疲れる」とか「何か今まで感じたことのない疲れ方だ」と言いはじめ、一五分後、ひとりの子どもが、「もうこれ以上はダメだ」と言って床に寝っころがってしまったのです。

たった一五分の稽古で、と大人たちは顔をしかめるのですが、しかしこの子たちは凄い！　とっても正しい疲れ方をしているのです。

というのも、いつもは体の外側、つまり表層の筋肉を使っているのに、能の謡を稽古することによって、今まで使っていなかった体の奥の筋肉、深層筋《しんそうきん》を急に使い出したために体の中が疲れてしまったのです。まさに、深層筋エクササイズをしていたというわけです。

その子たちも三回、四回と稽古を続けていくうちに体も慣れ、一カ月後には一時間以上の稽古にも耐え得《う》るようになり、なかなか立派な声が出るようになっていました。

でも、昔の子どもたちも、こんなに疲れたのでしょうか。

私は成人になって能を始めました。そして、世間では高齢といわれる能楽師の方々が、みなさん現役で舞台を勤《つと》めているのを目の当《ま》たりにし、度肝《どぎも》を抜かれました。高齢でも続けていられる、ではなく、高齢になったからこそ円熟の舞台が実現できる。そこでは、若いということは恥ですらあるのです。

年を取れば取るほど尊敬され、そして死ぬまで現役であり続け、最後は家の畳の上で家族に見守られながら逝《い》くというのが昔の日本人の生活様式でした。年を取っているというだけで白眼視され、まだまだ働けるのに六十歳で定年退職に追いやられ、そして最後は病院の冷たいベッドの上で無数の器械に囲まれて死ぬ現代日本人の生活とはまったく違います。

そこには死ぬまで現役を続けられるという日本人の身体《しんたい》作法と、それを実現する生活様式があったのです。能の世界には今でも「失われた身体作法」が確かに存在していたのです。

本書では、私が体感した能の驚くべき魅力について、体の使い方を中心にまとめてみました。

1章では、能の動きの秘密を考えます。続いて2章では、「和」の視点から私たちの体と心を見直します。3章では、ロルフィングというアメリカ生まれのボディワークと能の動きの共通性と体のしくみに触《ふ》れます。そして、4章で能の動きを「和」の身体作法エクササイズとしてまとめてみました。エクササイズから始めたい方は、4章からお読みいただいてももちろん結構です。

なぜ、能楽師は高齢でも現役でいられるのか？　さっそく、この秘密を解《と》いていきましょう。

目次

「能」に見る心と体の関連性

2章 「和」の視点から知る、体の秘密

陽《よう》の背、陰《いん》の腹から知る日本人の体

「背」からみる

「腹」からみる

3章

ロルフィングで体をゆるめる

4章 疲れない体を能の動きから習得する

美しく「立つ」

大腰筋を活性化させる身体作法

大腰筋を目覚めさせる「すり足」

コアを活性化させる「全身呼吸」

優雅なしぐさを生む「序破急《じょはきゅう》」

本書は、二〇〇六年六月に小社より
単行本『疲れない体をつくる「和」の身体作法』
として刊行された作品を
加筆・修正して文庫化したものです。

■能指導・実演・能写真協力
津村禮次郎（観世流シテ方能楽師）

■能写真協力
足立禮子（観世流シテ方能楽師）

■モデル
水野ゆふ

■撮影（著者写真、エクササイズ）
近藤陽介

■本文イラスト
浦本典子

■装丁
鈴木あづさ（細山田デザイン事務所）

1章

能楽師は、なぜ高齢でも現役でいられるのか？

「能」の身体作法の秘密

サムライの身体作法を今に伝える能

能は今から約六〇〇年も前に、それまであったさまざまな芸能を集大成して完成された芸能だといわれています。現在日本に残っている伝統芸能というと、歌舞伎、文楽、講談、浪曲、落語、そして能などがありますが、その中では能が一番古く、室町時代に完成しました。

日本だけでなく、世界にもさまざまな伝統芸能がありますし、ギリシャ劇のように紀元前五世紀に成立して、現代でも十分に上演に耐《た》える脚本をもつというような、とても古い演劇も存在します。しかし、ギリシャ劇は一度完全に断絶しており、今、上演されているギリシャ劇は昔の脚本を現代の解釈で演じている復活版です。

ですから、能が六〇〇年以上も一度も途切《とぎ》れることなく伝承されてきたというのは、ある意味では奇跡です。ユネスコの無形文化遺産として能が登録されましたが、「遺産」という言葉がもつ「過去の遺物」というイメージとは違って、現代でもちゃんと観客がお金を払って観る「興行」として成り立っているのですから、これは古典の伝統を継承する世界中の芸能者からみると本当に驚異なのです。

それは、能が単なる古典ではなく、現代でも十分に通用し得る力をもっている証拠だといえるでしょう。

その力がどんな力なのかについては、それこそ無尽蔵《むじんぞう》で、びっくりするほどたくさんあるのですが、本書ではその中から体の使い方を中心に紹介していきたいと思います。

能が六〇〇年以上も伝承されてきたのには、能がもっていた本来の力のほかにも、じつはもうひとつの理由がありました。

徳川時代の三〇〇年間、能は武士のための正式な芸能として幕府によって保護、伝承されてきたからなのです。いや保護というのはちょっと違うかもしれません。江戸時代、すべての武士は能を舞《ま》えること、能の歌謡である「謡《うたい》」を謡《うた》えることが要求されました。そのため、すべての武士は能を学び、能を修練しました。また、能を教える能楽師たちも、士分《しぶん》、すなわち武士として取り立てられていた人が多くありました。

同時に江戸時代、能は武士以外の階級の人たちからは縁の薄い、遠くにある芸能でした。町人は能を観る機会こそたまにありましたが、自分たちが能を学んだり、舞ったりする機会は、江戸後期になるまであまりありませんでした（謡は学ばれていた）。能はまさに武士による武士だけのための芸能だったのです。

武士階級に属する人たちは、当時の日本人の人口比でほんの数パーセントしかいませんでしたが、彼らは、日本の政治、経済、文化、軍事を一手に担《にな》う階級として、強靭《きょうじん》な身体性とともに高い精神性も要求されました。能は、その身体性と精神性を養《やしな》うための基礎科目として、また身体性、精神性を表現するための神聖芸能として、武士たちに学ばれ、伝えられてきたのです。

ですから勝手にアレンジしたり、自由に作り替えたりできなかったことも、能が六〇〇年以上も絶《た》えることなく伝わってきたひとつの理由だったと思われます。

江戸時代も終わり、時代は文明開化の明治になり、能は武士以外の人々にも開放され、現在に至っています。

現代では誰でも能を鑑賞し、学ぶことができます。趣味やお稽古《けいこ》事として、誰もが能楽師から謡や舞《まい》を学ぶことができるなんて、江戸時代には考えられなかったことでしょう。現代、能はすべての人に開かれた芸能になりました。

しかし能が万人に開かれた現代でも、能の中には、武士の身体性と精神性が脈々と受け継《つ》がれているのです。

九十歳の能楽師の謡に震えた瞬間

ご存知のように古典芸能の世界というのは、親子代々と受け継がれる世襲制が中心ですから、玄人《くろうと》になるのは、やはりその家に生まれなければダメなんじゃないか、と思われがちです。しかし、能の世界は他の古典芸能に比べれば、かなり自由な空気があって、じつは私のように外の世界から飛び込んでくるという者も決して少なくはありません。

それまでロックやジャズをやっていて古典芸能などに興味もなかった私が、能を学びたいと思ったのは、私の先生である鏑木岑男《かぶらきみねお》師の舞台に接したのがきっかけでした。友人に誘われて行った能楽堂で、その謡を聴いて度肝《どぎも》を抜かれたのです。

それまで接してきた声とはまったく違う。迫力も違うし、どうもその声が到達するところが違う。それまで接してきた音楽にも、むろん感動はありました。が、今、聴いているこの声のように、魂の深部が揺り動かされるような感動ははじめてでした。

そして縁あって入門の機会を得たのですが、そのとき私はすでに二十七歳。門を叩くには、かなり遅いほうです。能の「の」の字も、謡の「う」の字も学んだことがない、まさに飛び込みで、予備知識がほとんどないままに入門をしたので、毎日が驚きの連続でした。

入門して数カ月、先生（師匠のことをこう呼びます）のあとについて楽屋に通うようになりました。

ある日、楽屋にいると遠くの舞台から朗々《ろうろう》とした声が響いてきます。歌舞伎の『勧進帳《かんじんちょう》』の原曲として知られる能『安宅《あたか》』の一部が謡と鼓《つづみ》だけで演奏されていました。一瞬、不思議な精神状態になりました。遠くの舞台で演奏されているにもかかわらず、それがまるで自分の体内で響いているように感じたのです。その錯覚はすぐ収まりましたが、しかし遠くの舞台から聞こえてくる声は、体の深奥《しんおう》が震わされてしまうような力と有無をいわせぬ説得力で迫ってきます。

しかも謡っている方は、もう九十歳だといいます。信じられませんでした。世間では六十歳で定年です。仕事からリタイアして悠々《ゆうゆう》とした老後を送る年齢です。しかし、能の世界では六十歳でやっと中堅、まだまだこれからです。

そんなふうに能楽界をみてみると、七十歳は当然として、八十歳、九十歳でも現役で潑剌《はつらつ》と舞っている方々が多くいました。

現在は九十歳で現役という方はいらっしゃいませんが、先日、お相手させていただいた観世《かんぜ》流シテ方《かた》の女性能楽師、足立禮子《あだちれいこ》師は八十六歳。歌舞伎『鏡獅子《かがみじし》』の原曲『石橋《しゃっきょう》』の親獅子を力強く、かつ悠々と舞われています。

能を舞うというのは大変なことです。視界のほとんどを奪《うば》い、しかも呼吸の自由をも奪う面をかけ、とてつもなく重い装束《しょうぞく》をつけ、さらには驚くべき力で謡い舞う。しかも詞章《ししょう》は覚えていなければなりません。

なぜ世間では高齢どころか老齢と呼ばれる方たちが現役で舞台を勤めていられるのか。その秘密は何なのだろう。それをずっと考えていました。

その疑問を抱《いだ》いたまま二〇年ほどが経《た》ちました。

そしてあるきっかけから、ロルフィングというアメリカ生まれのボディワークに出会い、それを学ぶために解剖学に触れたときに、その秘密を解《と》く糸口がみつかったのです。

ロルフィングとの出会い

ロルフィングは、ひと言でいうとボディワークのひとつです。

ボディワークという言葉も、日本ではあまり馴染《なじ》みがありませんが、マッサージや

能楽師は、高齢でも現役で活躍している方が多い

観世流の女性能楽師、足立禮子師は八十六歳。『石橋』の親獅子を力強く、かつ悠々と舞われています
(撮影／森田拾史郎)

整体などもボディワークの一種ですし、ヨガやピラティスのように自分で行なうものもボディワークと呼びます。体を整えるさまざまな技法の総称です。

ロルフィングは、その発祥国であるアメリカでは、主にスポーツ選手やダンサー、俳優、音楽家などに愛好されているボディワークです。マッサージのように手技《しゅぎ》を使って、体のバランスを整えることで楽な体を取り戻し、スポーツ選手ならばよりよい成績、アーティストならばよりよいパフォーマンスを目指そうというものです。

ただマッサージとは違い、施術を受ける者も参加して体の使い方を意識し、一〇回のセッションの中で体のバランスを整えていくのがロルフィングの特徴です。

私がロルフィングに出会ったのは、自分のパフォーマンスの質をもっと上げようなんていう、そんなかっこいいものではありませんでした。

手足のしびれがきっかけだったのです。あるときから徐々にですが、手足がしびれてきてしまい、それが夜も眠れないくらいに激しくなってしまったのです。

まず、近所の整形外科に行ってCTやらMRIやらを撮《と》りました。その結果、どうやら頸椎《けいつい》に問題があるということがわかり、首に大げさな器具をつけられたり、首を牽引《けんいん》されたりしました。しかし、全然よくなりません。

そこで次に、大学病院に勤めている友人の整形外科医に頼んで、その大学病院の助教授（当時）に診《み》てもらいました。すると整形外科医の友人は手術をしたほうがいいと言います。しかし、聞けば「正直に言うと手術は成功するとは限らない。失敗した場合は下半身が不随《ふずい》になる」と言います。悪友の心理カウンセラーなどは「そうしたら、俺が精神的な面倒はみてやるよ」などと横でほざいています。冗談ではない。大事なことは能の先生に相談することにしていますので、相談したところ、それはやめておけと言います。

そこで、いろいろな人から紹介してもらい、本当にたくさんの整体院やら治療院に通いました。それでもなかなかよくなりません。

そのとき、一九八〇年代に私がアメリカで耳にしたロルフィングを日本でもやっている人がいるということを知り、早速受けてみたのです。

正直言って、最初は、体の変化を感じることは全然ありませんでした。でも、ロルフィングのセッションは全一〇回で終わるし、何でも試してみようと思っていたので、月に二回くらいのペースで最後まで受けてみました。すると、これも正直に言いますと、いつよくなったのかは全然覚えていないのですが、気がついたらよくなっていたのです。というよりも、自分にしびれがあったという事実を忘れていたのです。ですから、またまた正直に言いますと、そんな事実を忘れていたので、ロルフィングはすごい！なんてこともそのときは思いもしませんでした。ただ、毎回毎回、自分の体の変化を感じるので、ロルフィングは面白いなあ、という印象が残ったくらいでした。

その後、やはりあるきっかけから、私自身もロルフィングの施術者になるための勉強をするようになったのですが、それについてはあとで詳しくお話ししましょう。

「能楽師は高齢でも現役」の秘密は、コア＝芯意識だった

さて、話を戻します。なぜ能楽師は高齢になっても現役でいられるのかです。その秘密を知る糸口がロルフィングを学ぶことによってみえてきたのです。

ロルフィングで注目することはいくつかありますが、その中でも特に重要な働きがふたつあります。「体のバランス」と「深層筋《しんそうきん》の働き」です。能楽師は稽古を通して、いつの間にか深層筋を活性化させ、体のバランスを整えているのです。これは玄人の能楽師だけではなく、謡や仕舞《しまい》をお稽古しているアマチュアの方にもいえることです。

深層筋の代表は大腰筋《だいようきん》です。大腰筋は姿勢や運動に大きな影響を与える、太くて長い深層筋です。ロルフィングでは、深層筋の重要性を一九五〇年代より提唱していましたが、日本では近年(二〇〇一年)、スポーツ界で注目されはじめ、そして最近ではスポーツ界だけでなく、アンチエイジングや美容の世界でも注目されています。

深層筋は、体の奥深くにあるので、触れるのも、感じるのも簡単ではありません。そこで、深層筋を考えるときには、「コア」と「コア意識」というふたつのキーワードからアプローチします。

深層筋の中でも、特に背骨を中心とした体の軸についている筋肉群をコアの筋肉群と呼びます。コアとは「芯」、つまり「中心」です。りんごの芯を思い浮かべてください。人は、りんごの芯のように、体の中心にコアの軸をもっています。この軸についている筋肉群がコアの筋肉群なのです。

コアの筋肉群は、ふだんは意識されてもいませんし、ほとんど使われてもいませんが、まっすぐな姿勢をつくるときにも、安定した動きを生み出すときにも非常に重要な筋肉群です。

このコアの筋肉群によって生み出される姿勢、動き、発声によって能が舞われるから、能楽師は高齢になっても現役を続けられるのではないだろうか、そう気がついたのです。

むろん能では、深層筋やコアの筋肉群などという言い方はしませんし、意識もされてはいません。しかし、能を稽古していく過程で、知らず知らずのうちにコアの筋肉群が活性化され、「コア意識」が開発されていくのです。

それはたとえば「腹に力を入れろ」などという言葉によってなされます。しかし、腹に力を入れると、今度は「力《りき》むな、力を抜け」と怒鳴《どな》られます。力は入れるけれ

深層筋の代表、大腰筋

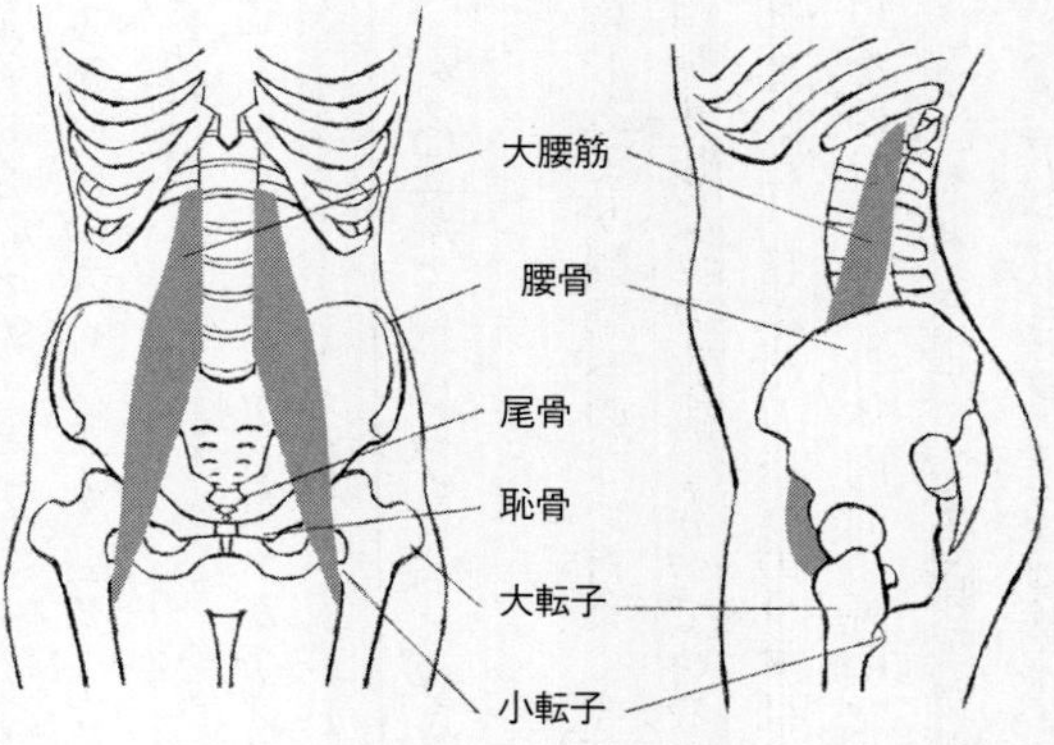

大腰筋は、深層筋の中でも特に姿勢や運動に大きな影響を与える太くて長い筋肉です。背中のやや下あたりから出発して大腿骨まで伸びています。左右両方についています

ども、力んではダメ。最初は全然わかりません。この葛藤《かっとう》の中でもがいていると、いつの間にか、お腹《なか》の表層筋《ひょうそうきん》はゆるめたまま、コアの筋肉群だけに力を入れるということができるようになります。

そして、それを体が覚えたときに「コア意識」ができるのです。

「腹が据《す》わっている」をロルフィング的に解釈すれば

「コア意識」という言葉もあまり馴染《なじ》みのない言葉です。

私たち日本人は、しっかりしたコア意識をもっている人のことを「腹が据わっている人」などと表現してきました。日本語というのはすばらしい言語で、この「腹が据わっている」という表現だけで精神、身体両面の説明をしています。これを分析的に説明しようとすると、じつは本来もっている意味を台無しにしてしまう恐《おそ》れもあるのですが、その愚《ぐ》をあえて冒《おか》してしまうことを覚悟で、「腹が据わっている」という表現を、コア意識との関係という視点からロルフィング的に説明してみましょう。

さきほどからコアという言葉を何度か出してきましたが、じつはコアには、りんごの芯やコイルのコアのような円柱状の「芯コア」と、地球の核のような球体の「核コア」の二種類があります。そして、このふたつは密接に関連しているのです。

さきほどから述べているのは、身体の軸を通る背骨を中心としたコアですから「芯コア」です。

球体としての「核コア」は、体の重心の位置がそれになります。

ところで、あなたは、自分の体の重心はどこにあると感じますか。

「重心」とは「重力の中心（Center Of Gravity）」のことです。

私たちは地球という惑星に住んでいます。地球の特徴は、一Gというしっかりとした重力があるということです。たとえば月のイメージは無重力です。本当は少しは重力がありますが、それでもぽよーん、ぽよーんと重力の影響を受けずに月面を自由に飛び回る、そんなイメージがあります。

地球にいる限り、私たちの両肩には一Gという重力が重くのしかかっているので、そんな月面にいるような真似《まね》はできません。そして、地球上に存在するすべてのものは、この重力の影響を受けます。その結果、すべての存在は重力の中心「重心」をもつことになります。

人に人体の絵を見せ、「重心」を指してもらうと、ちょうど体の真ん中あたりを指す人が多い。それがその人にとっての「イメージとしての重心」であり、「イメージとしての腹」なのです。

でも、本当は人の重心は仙骨《せんこつ》の二番目の前あたりにあります。丹田《たんでん》の位置です。人の「核コア」、すなわちこれが本当の「腹」です。

そこを中心に存在したり、動いたりすれば、その動きは確固たるものになります。ところがイメージとしての腹はもっと上にあるわけですから、ちょっと浮薄《ふはく》になってしまいます。これを日本語では「腰が浮いている」などという言い方をします。

「イメージとしての腹」が落ちていって、本当の「腹」すなわち「核コア」と一致したとき、それを「腹が据わっている」というのです。

体の重心＝「腹」はどこにある？

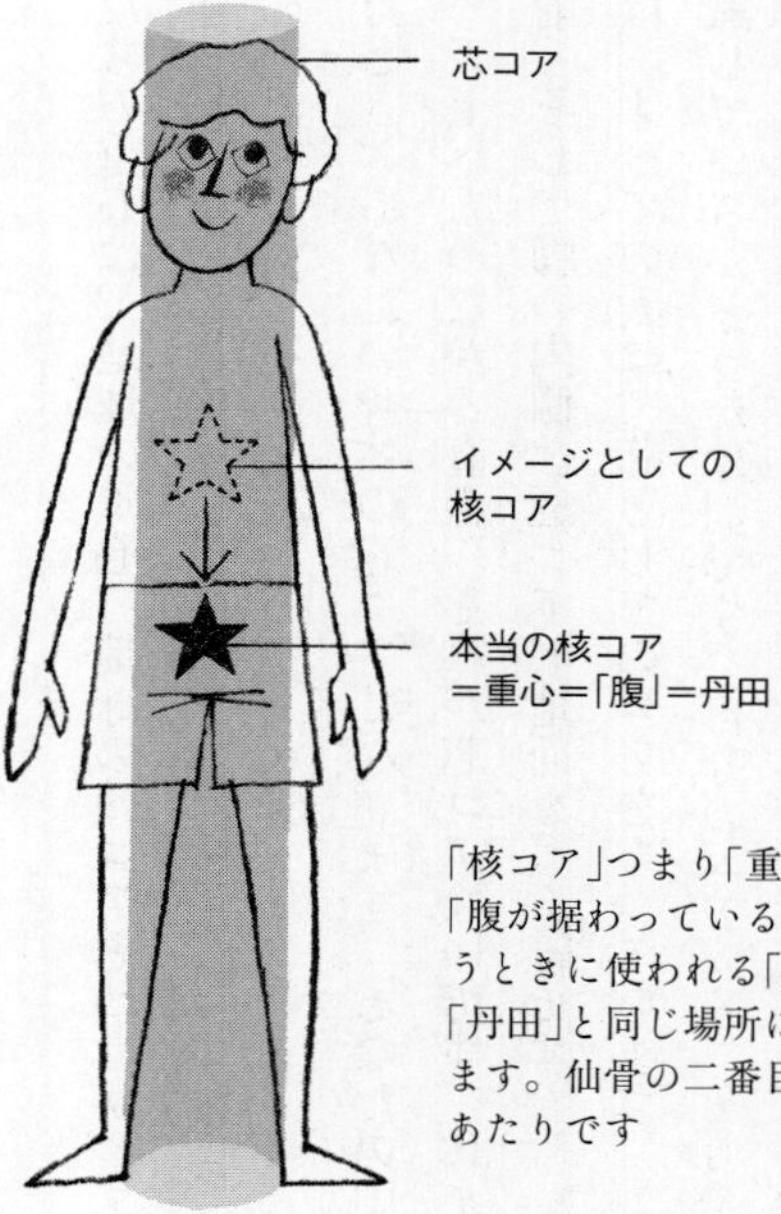

「核コア」つまり「重心」は、「腹が据わっている」というときに使われる「腹」や「丹田」と同じ場所にあります。仙骨の二番目の前あたりです

核コアが芯コアをつくる

核コアとしての私たちの重心は、地球の重心、地球の核コアとつながっていて、そこに一本の直線を引くことができます。それを「重力線（Line Of Gravity）」と呼びます。

これが体内を貫《つらぬ》いたとき、あなたの身体の芯コアになります。あなたの中心と地球の真ん中とをつなぎ、天上へとつながる直線、それが芯コアなのです。体でいえば、背骨の前側、仙骨の前、そして脚の内側を通って、地面を貫く線です。

地球上にいるならば、すべての人は、芯としてのコアをもっています。

しかし、それを意識しているかどうかは別です。自分のコア（芯）をちゃんと意識して、それに従った動作をすること、それをコア意識をもつといいます。

昔から「あの人は芯がある」などという言い方をします。その人はちゃんとしたコア意識をもっている人です。それがちゃんと仙骨の二番目の前あたり、すなわち腹の

体の「芯コア」は地球のコアとつながっている

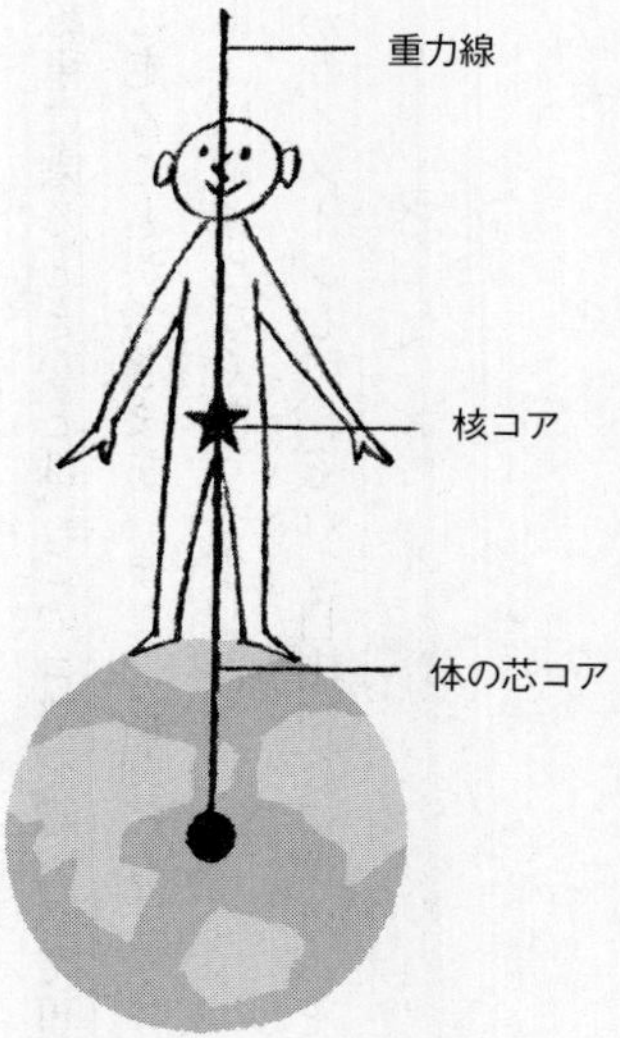

私たちの体の「核コア」は、地球の重心、つまり地球の核コアとつながっていて、このつながりを「重力線」といいます。体を貫くこの重力線を「芯コア」といいます

位置にあれば「腹が据わっている」ということになります。「腹が据わっている」という言葉からわかるように、コア意識は動作だけでなく、心にも影響を与えます。コア意識がしっかりしている人は、心も落ち着いています。

また、コア意識は意識で、コアそのものではないので、自由に変化させることができます。あなたが自転車に乗るときなどは、このコアを細くして車輪と一体化させれば、速く、そして楽に走ることができます。また、格闘技などをするときには、これを太くすればそう簡単には倒されなくなります。

自分のコアをしっかりイメージして、それを自由自在に操《あやつ》る、それがコア意識なのです。

コア意識を自在に操れば、スポーツも上達する

コア意識は、自由にイメージできます。格闘技をするとき、コア意識を太くイメージすれば、強く倒れない動きを生み出せます。また自転車に乗るとき、コア意識を細くイメージすれば、速く楽に走れるようになります

世阿弥《ぜあみ》の教え「体《たい》と用《ゆう》」

「力を抜いたまま強弓《ごうきゅう》を引け」
――深層筋とコア・ムーブメント

大正時代、哲学と古典ギリシャ語、ラテン語の講師として日本に滞在していた東北帝国大学のオイゲン・ヘリゲルは、日本文化、とりわけ禅を研究しました。そして、その一環として名人、阿波研造《あわけんぞう》から和弓を学び、そのときの体験を『日本《にほん》の弓術《きゅうじゅつ》』（オイゲン・ヘリゲル述／岩波文庫）の中に書いています。

最初、彼は腕の筋肉をすっかりゆるめて、力を抜いたまま強弓を引けと命じられます。強い弓を引くのに腕の筋肉を使うなというのです。それができるまで矢を番《つが》えてはいけないといわれます。

ヘリゲルは、彼の表現を使えば、ドイツ人特有の徹底さで不撓不屈《ふとうふくつ》に稽古をするのですが、全然うまくいきません。そんなときに師である阿波研造から呼吸を指摘されます。ヘリゲルの呼吸は肺でしている。そうではなく腹壁が程《ほど》よく張るように、息を押し下げて息を止め、どうしても必要な分だけを呼吸せよ。そうすると、力の中心が下方に移動して、両腕をゆるめて、力を抜いて楽々と弓を引けるようになるというのです。

これは、宮本武蔵《みやもとむさし》が兵法者《へいほうしや》の体について述べているところを彷彿《ほうふつ》とさせますが、いわゆる丹田《たんでん》呼吸をせよと教えるのです。そしてそれによって力の中心を「重心」、すなわち核コアの位置に下げます。力の中心と体の重心が一致します。

核としてのコアは背骨を中心とした重力線を通って芯コアとなります。核コアと芯コアがしっかりと意識されたときに、身体は通常とは違った筋肉を使い出します。

身体の中にはたくさんの筋肉があります。皮膚に近い表面にある筋肉もあれば、身体の奥のほうに隠れている深層の筋肉もあり、またその中間にもいくつかの筋肉があるという具合に、筋肉は何層かの「層（レイヤー）構造」になっています。

ヘリゲルが最初に使っていたのは、表層の筋肉です。私たちがジムなどで鍛《きた》える、腹筋《ふっきん》とか大胸筋《だいきょうきん》など、ほとんどがこの表層の筋肉を指しています。

身体の深奥に眠る深層筋は、背骨を中心とした芯コアから出ている筋肉です。それはしっかりと芯コアをイメージするコア意識に支えられて、はじめて使うことが可能になる筋肉です。

阿波師の指示の通り、力の中心を腹の重心に下げる。すると核コアと芯コアがしっかりと意識される。すると身体の深奥に眠っている深層筋が目覚め、表面の筋肉は柔らかくしたまま、強弓を引くことができるのです。

コアによって支えられた深層筋による動き、それをコア・ムーブメントと呼びます。コア・ムーブメントは強いだけでなく、深くて、そして優雅な動きです。

室町時代に能を大成した世阿弥は「万能《ばんのう》を一心《いっしん》にて綰《つな》ぐ」と述べています。「心《しん》」は「芯《コア》」と読み替えることができます。すべての動き（万能）を、ひとつの心＝芯でつなぐ、まさにコア・ムーブメントです。

名人、阿波研造師はヘリゲルのコア・ムーブメントを引き出すのに、呼吸を使い、核としてのコアをあるべき位置に戻したのです。

「信」の重要性

ヘリゲルは、前述の稽古の様子を「ドイツ人特有の徹底さで不撓不屈に稽古を」したといっていますが、前掲書の巻末にある「ヘリゲル君と弓」（小町谷操三著）には、阿波師から丹田呼吸をせよといわれたとき、ヘリゲルは「呼吸は肺でするものではないか。その気を丹田に持って行けと言っても、それは生理的に不可能ではないか」とよく反問したと書かれています。

ヘリゲルは、大学で哲学を講じるほどのインテリ。「科学（当時の科学）的」に考えれば、丹田で呼吸をすることも腕の筋肉をゆるめて矢を射《い》ることも不可能です。

さらに彼がうまくいかないのは「不信」によるのだ、ともいわれました。ヘリゲルは科学には「信」をもっています。しかし、非科学的なことに対しては「不信」をもつ。しかし非科学的なことを言う師匠を信頼しなければならない。科学に対する「信」と師匠に対する「信」、ふたつの「信」の間で彼は揺《ゆ》らぎます。

ふだん私たちは科学的真実の海にどっぷり浸《つ》かって生活をしているので、非科学的なことを言う師匠の言のほうを「そんなバカバカしい」と一笑に付してしまいます。そして、理屈を言う。これは自分が変わらないための自己武装です。

そういう人は、名人、達人には絶対なれないし、上達もしません。上達するためには、ここで思い込みを断ち切る力が必要になります。それを世阿弥は「初心」と呼びました。世阿弥の「初心」に関してはあとで述べましょう。

そのヘリゲルが「不信」を超克《ちようこく》するときのことが『日本の弓術』の中に書かれています。

それは修行も進み、矢を番えることも許され、的《まと》に向かったときです。阿波師は的に向かうときに、的を狙わずに、しかも射当てることを求めます。

いくらやってもダメだった。周囲を見れば一〇年、二〇年と弓術を学びながら、依然として弟子から上がれずにいる人もいる。しかし、ヘリゲルには時間がない。そこでとうとう阿波師に、自分には理解もできないし、習得もできないといったのです。

阿波師は「最後の手段」で「それだけはあまり使いたくない手」だとしながらも、その夜、再びの来訪を命じ、道場に連れて行きます。的のあたりの一本の蚊取線香だけが唯一の明かりという暗闇の的を前にして、阿波師は矢を番えて放ちます。次《つ》いでもう一本。

両射の後、明かりをつけて見れば、最初の矢は暗闇の中での射にもかかわらず、みごとに的の真ん中に当たっていました。そして、第二の矢は、最初の矢の矢筈《やはず》をふたつに裂いていたのです。

それ以来、ヘリゲルは疑うことも、問うことも、思いわずらうことも、きっぱりと諦《あきら》めたといいます。

阿波師の境地は、不発の射だといわれています。その内容も真偽のほどはわかりませんが、それを窮《きわ》めたならば、それはコア・ムーブメントを遥《はる》かに超えています。それはいうならば「心（シン）＝神」の技、神技です。

「からだ」ではなく「身《み》」で舞うからすばらしい

さて、身体の芯であるコアですが、日本語では古来これを「み=身」と呼び習わしてきました。

身体を表わす和語には「からだ」と「み」があります。

私たちがふだん意識する身体は「からだ」です。

「からだ」は「殻《から》」であり、「空《から》」です。すなわち、からだとは、卵の殻のように、私たち自身の表層を覆《おお》っている表面の身体です。「空」という言葉からみれば、中身を捨ててしまった表皮、空っぽな仮の身体です。

筋肉でいえば表層筋です。私たちがふだん意識している筋肉です。

表層のからだは加齢によって確実に衰《おとろ》えます。若い頃は、ぴちぴちとはじけていたからだも、年を取ることによって、そのみずみずしさは失われ、衰えていきます。

ところが、この表層のからだの奥には、深層の身体が隠れています。

その深層の身体が「み」です。「から」の中に詰《つ》まっているもの、それが「み」なのです。

「み」は「身」であり「実」です。筋肉でいえば身体の深奥に隠れている深層筋です。コアの筋肉群とも呼びます。

「み＝身」は、急速に衰えゆく表層の身体、からだと違って、体の内部に隠れているためになかなか衰えません。深層の身体である「み」を使っていればこそ、能をはじめとする古典芸能に携《たずさ》わっている人たちは、世間でいういわゆる高齢になってもすばらしい動きをすることが可能なのです。

そして、「からだ」中心の身体から「み」中心の身体への変容、それが能の稽古のひとつの成果です。最初は「み」を使うことが少なく、ほとんど「からだ」で舞ったり、謡ったりします。それはそれですばらしいのですが、しかし何とも生硬《せいこう》な感じがする。それが徐々に深層の「み」を使う度合いが多くなり、円熟した味が出てきます。

身体の中で「み」の割合がどんどん増えて、ついては身体の中に「み（身＝実）」

が充《み》ちた状態、それを「充実」といいます。若い能楽師よりも、年輪を重ね円熟した能楽師のほうがすばらしいのは、精神的な理由だけでなく、身体的にも充実しているからなのです。

コア・ムーブメント、すなわち身体の深奥に隠れている「身《み》」による動きで、私たちは疲れず、しかも美しく効率的な動きをすることができます。

もし、イメージするのが苦手なら――「用《ゆう》」の効用

深層筋の「身」による動きをするには、「コア意識」をもてばいいのですが、しかし、ここにひとつ問題があります。それは意識することが苦手、すなわちイメージが苦手、という人がじつはかなり多いのです。たとえば試験や試合の本番の前に「落ち着いているイメージをもてば大丈夫」といわれても、緊張しているときには、なかなかそんなイメージはもちにくいものです。

オリンピック選手やプロのスポーツ選手がイメージ・トレーニングをしていると聞

いて、自分もやってみた。でも、なぜかうまくいかない。これはトレーニングが悪いわけでも、あなたのやり方が悪いわけでもない。ただイメージするのが苦手なだけなのです。

イメージが得意な人は「コア意識をもて」といわれれば、それだけで「身」の動きもできますし、大腰筋の活性化も簡単です。しかし、イメージが苦手な人に、ただ「コア意識をもて」といってもそれは無理な注文です。

そういう人は、イメージだけでなく補助を使うことによって、「身」の動きを引き出すという方法をとったほうが効果的です。

その補助とは、世阿弥がいう「用《ゆう》」です。

世阿弥は「体《たい》」と「用《ゆう》」ということをいいます。「体」は本質、「用」はその作用、働き、現象です。「体」が地中に隠れている根だとすれば、「用」は地上に咲く花です。世阿弥の比喩によれば、「体」とはたとえば月そのもので、「用」とは月の光です。

新月の夜、私たちの肉眼は月を捉《とら》えることができません。月そのものは、確かにそこにあるのですが、光が当たっていないために目には見えない。「用《ゆう》」である光によって、「体《たい》」である月そのものは、はじめて中天《ちゅうてん》にかかる名月として私たちの目の前にその姿を現わします。

そうなのです。私たちが見ているのは、じつは「体」である月そのものでなく、本質としての月に反射して私たちの目に飛び込んでくる光、すなわち「用」としての月光だけなのです。しかしだからといって「用」である月光だけに囚《とら》われていては、私たちは月そのものの本質を見逃してしまうことにもなります。

が、本質（「体」）はそのままでは見えないわけですから、月の本質を捉えようとするならば、やはり「用」である月の光からアプローチするしかありません。「用」にも囚われず、「体」にも囚われない。「体」と「用」との統合、それが大切です。仏教では体用一如《たいゆういちにょ》と考えますが、しかしまずは捉えやすい「用」からのアプローチ、それが第一歩です。

そして身体でこれをみれば、深層の「身《み》」が「体」です。深層にあるために捉えようとしても捉えられないし、深層筋を鍛えるなんてことも、そう簡単にはできません。そんな「身」へのアプローチは、やはり「用」から行ないます。

「背に腹は代えられぬ」――背腹こそ、人の人たる由縁《ゆえん》

「身」である深層筋へのアプローチである「用《ゆう》」は、「背」と「腹」です。「背」と「腹」といっても、背中とお腹というだけの意味ではありません。

人の体を運動という視点から見ると、とても大切な二大エリアがあります。ひとつが肩関節《かたかんせつ》のエリア、そしてもうひとつが股関節《こかんせつ》のエリアです。肩関節のエリアが「背」、そして股関節のエリアが「腹」です。

日本語には、「背に腹は代えられぬ」という言葉がありますが、この言葉が示すように、私たち日本人は体を象徴するときに、背面は「背」で象徴し、前面は「腹」で象徴してきました。これはただ前面・背面の区別だけでなく、背は上部にあり、腹は下部にあるという特徴も示します。

「背」は上半身をコントロールし、「腹」は下半身をコントロールする、そう覚えて

おいてください。

身体の深奥に隠れている「身《み》」そのものにアプローチすることは難しくても、上部の背である肩甲骨《けんこうこつ》を調節し、下部の腹である骨盤《こつばん》を制御《せいぎょ》することによって、「身」に影響を及ぼすことが可能なのです。

「背」とは、具体的には肩甲骨を中心とした肩、胸、背の部分です。また「腹」とは、骨盤を中心とした腹、腰の部分を指します。

内臓を収めるようなお椀《わん》型の骨盤をもつことによって、人は二足歩行が可能になりました。そして、それによって肩関節も進化してきたのです。四足歩行の動物は、自分の肩より上に腕を上げることができません。人間や類人猿は肩関節が自由に動くために、自分の視線より上のものを取ったり、遠くに物を投げたりすることができます。

原始的な類人猿と人間につながる大型類人猿とを比べたときに、股関節と肩関節の可動域の違いは特徴的です。人類により近い大型類人猿は進化によって股関節、肩関節ともに大きな可動域をもつに至りました。そして、それによって二足歩行が可能になり、脳の発達も促され、抽象化する心や、言語が発達し、人の人たる由縁を獲得していったと考えられています。

股関節と肩関節は、まさに人の人たる由縁の二大エリアなのです。

背と腹についてのより詳しいことは次章で扱いますが、本章でももう少しだけみていくことにしましょう。

「肩身が狭い」――小胸筋《しょうきょうきん》が異常に硬い日本人

上半身の姿勢を決めるのは「背」、すなわち肩甲骨を中心とした肩関節の部分です。肩甲骨というと背中にある三角形の板というイメージがありますが、55ページのイラストのように肩甲骨の端っこは前面にも出ています。そして、肩甲骨は、背中、肩、腕、胸と上半身のほとんどに影響を及ぼします。

ですから肩甲骨と、それに関連する筋肉を調整することによって上半身のかなりの部分に変化を与えることができます。

アメリカの漫画で日本人というと、猫背で出《で》っ歯《ぱ》でめがねをかけている、というのが特徴です。この猫背の大きな原因となる筋肉が小胸筋です。

海外から日本に来るボディワークのインストラクターはみな、日本人、特に日本女性の小胸筋が異常に緊張して硬くなっているのに驚きます。

小胸筋は、左ページのイラストのように肩甲骨の前側から肋骨《ろっこつ》についている深層筋です。「身《み》」の筋肉の仲間です。小胸筋が緊張していると、肩の上部を前に引っ張ってしまいますので、いわゆる猫背になります。

小胸筋が緊張していると猫背になるだけではありません。胸が狭《せば》まりますから呼吸も浅くなります。呼吸が浅くなると、体の中のエネルギー効率が悪くなるために、体力や気力がなくなったり、あるいは肌荒れなどのさまざまな問題を引き起こします。

また肩が前に引っ張られてしまうのですから、当然、首の後ろ側の筋肉も無理やり引っ張られて、首の凝《こ》りや肩凝りが生じます。さらには肩甲骨と肩甲骨との間の筋肉が緊張して痛くなったり、凝ったりする人もいるでしょう。

上半身に大きな影響を与える肩甲骨と小胸筋

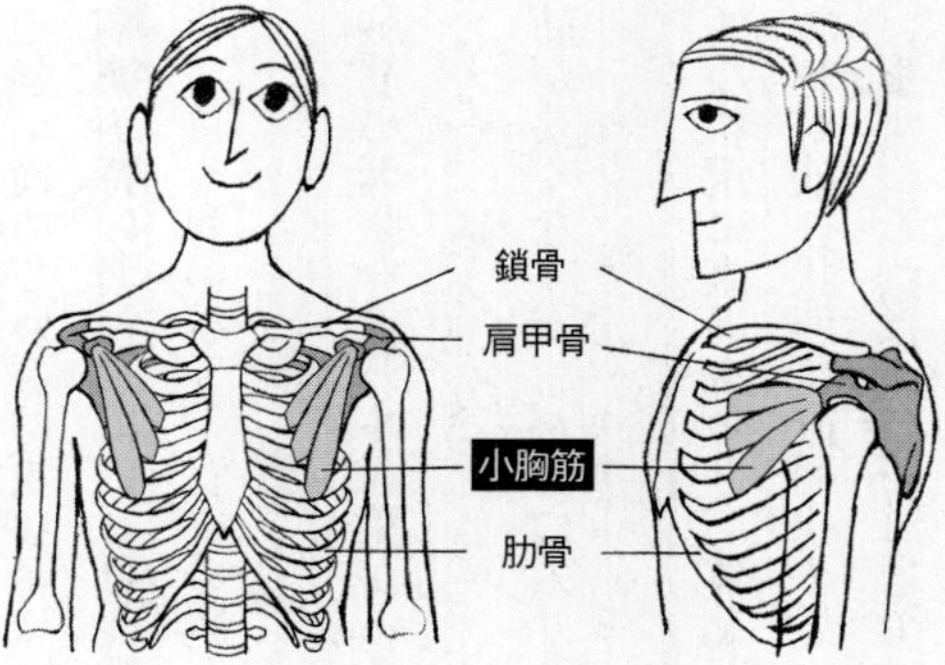

上半身の状態を決めるのは「背」、つまり肩甲骨を中心とした肩関節です。肩甲骨は、背中にある三角形の板というイメージがありますが、端は前面にも出ています。肩甲骨の前側から肋骨についている深層筋が、小胸筋です。左右両方についています

女性はさらにブラジャーやキャミソールの肩紐《ひも》がゆるみやすくなるという問題もあります。一番短くして強く締《し》めているはずなのにどうも片方だけ落ちてしまうという人は、そちら側の小胸筋が特に緊張している可能性があります。

小胸筋の緊張は、猫背、首や肩の凝り、背中の凝り、紐のゆるみなどさまざまな支障を生み出します。

また日本語には、小胸筋の緊張を表わす言葉があります。「肩身が狭い」です。ただ肩が狭いだけではない。肩の部分の「身《み》」、すなわち深層筋である小胸筋が狭くなってしまう。小胸筋が狭くなり、肩が身に入り込んでしまう、そんな苦しい状態を表わす言葉です。

ふつう私たちは危機的な状況に直面すると、体を守るために表層の筋肉を鎧《よろい》のように固めます。しかし、肩身が狭い状態に直面すると、表層の筋肉だけではなく、深層筋までも硬くしてしまいます。これはすごいことです。

日本人は人目を気にするから、体を硬くしてしまう。そういわれます。しかし、ただ、ある特定の人の目を気にするだけだったら深層までも硬くすることはありません。いざとなったらその関係を絶ってしまえばいいのです。逃げ出せばいい。

しかし、日本人は日本人でいる限り、逃げても逃げても逃げ切れない、いつまでもつき纏《まと》ってくる恐ろしい視線があります。

それは「世間様」の目です。世間様に何て言い訳をするの、世間様に顔向けができないでしょ、と子どものころから世間様の存在を植えつけられますが、じゃあ世間様とはいったい何なんだということは教えてもらえません。だからこそ世間様のイメージは各自の中でどんどん膨張していき、無限の自縛縄《じばくじょう》となって肩身を縛るのです。無限の相手ですから、通常の表層筋を硬くする防御だけでは不足です。無意識のうちに深層の筋肉まで固めてしまう。それが肩身が狭い状態です。

能で求められる、クセのない体

肩身が狭いのが日本人の特徴と書きましたが、日本の古典芸能の代表ともいえる能の場合はどうでしょう。

観世流シテ方の津村禮次郎《つむられいじろう》師は、「能の稽古で最初にすることはクセを取ること」だといいます。能は中世の演劇ですから、能楽師はさまざまな役を演じる必要があります。もし体にクセがあると、何もしなくてもひとつの性格をもってしまい、さまざまな役を演じる可能性を減らしてしまいます。「まずは身体の水平化が求められる」と津村師はいいます。

さらに、面を使う体を作ることも要求されます。それは垂直な体、まっすぐな体です。「木彫りの能面を支える身体」という表現を津村師は使いますが、肉体としての顔の前に、もうひとつの顔である面をつけるための身体技法が要求されるのです。

もし猫背だったら面は下を向く。面を下に向かせるように顔を伏《ふ》せることを、能ではクモルといいます。主に悲しいときの表情です。もし、猫背だったら常に面はクモっていて、常に悲しい表情をしてしまいます。しかも、面をかければ、何もつけていない顔よりも、その表情の変化は大きい。

もし、常に悲しみしか表現できなければ、その演技の可能性の幅は狭すぎます。演技の可能性の幅を広げるために、クセのない体、水平・垂直の体が必要になるという

能楽師には
クセのない体が求められる

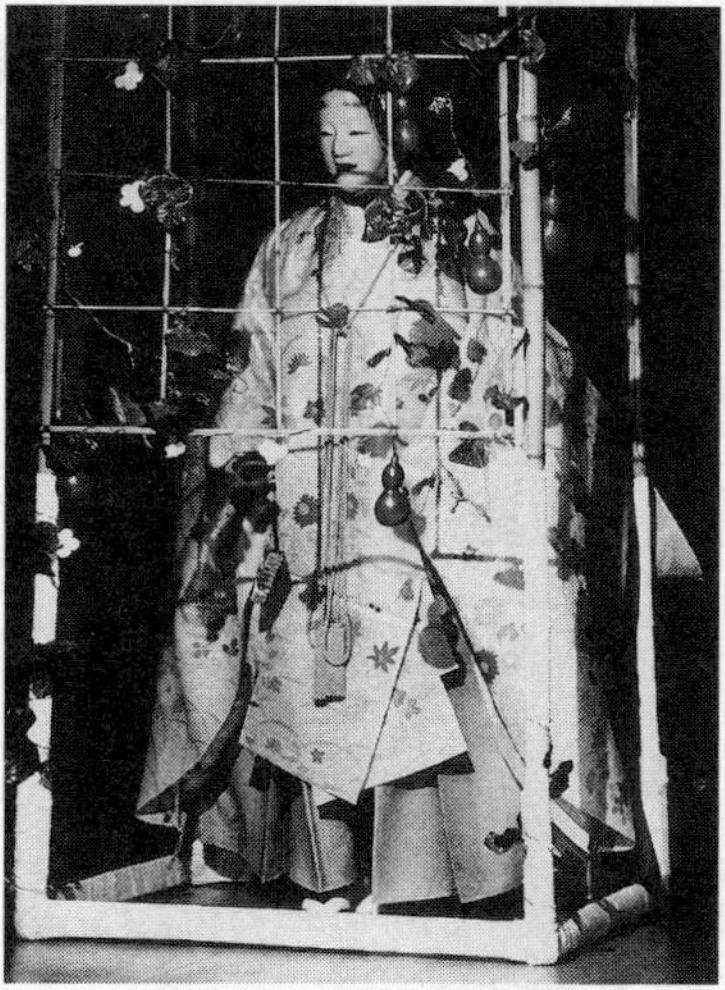

体にクセがあると、さまざまな役を演じる可能性を減らしてしまいます。能楽師には、面を使う体、つまりまっすぐな体が要求されます。写真は、能『半蔀《はじとみ》』。光源氏とのはかない恋に消えた夕顔を舞う津村禮次郎師
(撮影/森田拾史郎)

のです。小胸筋が異常に緊張した猫背ではまずいのです。

腹にはもうひとつの脳、「腹脳《ふくのう》」がある

上半身を決めるのが「背」ならば、下半身を決めるのは、骨盤を中心とする「腹」の部分です。

「腹」も背と同じく、前部・後部をともに含めた骨盤の周辺全体を指します。

「腹が据わっている」という言葉が、自分の重力の中心である重心が、しっかりと腹の位置に収まっている状態を指すのに対し、これが上がってしまうことを「腰が浮いている」といい、精神的にも浮薄になってしまう状態を指します。

東洋ではお腹にはもうひとつの脳、「腹脳」があるといわれてきました。また、英語でも「Gut Brain（お腹の脳）」といったりします。お腹はただ単に姿勢を整えるだけでなく、私たちの存在全体を司《つかさど》る重要なエリアです。

骨盤を変えたハイヒールとファシズム

「腹」の骨である骨盤の傾きは、姿勢も決めます。

ビキニスタイルの水着とハイヒールは、世界中の女性の骨盤を前傾させました。骨盤が前傾すると確かにお尻がぷりんと出て可愛く見えます。また、男性の骨盤の前傾を助長したのはファシズムです。ヒトラー・ユーゲントや親衛隊に入るには、見た目に美しい肉体と姿勢が必要とされました。その姿勢は、骨盤を前傾させ胸を張った姿です。この姿勢はナチスだけでなく、世界中の軍隊で美しいと思われている姿勢です。

近代は男も女も骨盤を前傾させてきた歴史だといえるでしょう。

しかし骨盤が前傾すると、体で最もパワフルな筋肉である大腰筋が伸ばされてしまい、ほとんど使われなくなってしまいます。美しいファシズムの姿勢も実際の戦闘では実用的ではありません。あんな姿勢で戦っている姿は見たことがないでしょう。

また、骨盤の前傾は、じつは「ぽっこりお腹」をつくります。骨盤の前傾によって可愛くお尻をぷりんとさせても、お腹が出ちゃった、という人がよくいます。骨盤には内臓を収める容器としての役割があります。ところがその容器である骨盤が前傾してしまうと、内臓は容器に収まらず前に落ちてしまいますから、お腹の皮を前に押し出すようにしてしまい、ぽっこりお腹になってしまうのです。

ロルフィングを受けて骨盤の位置が元に戻ると、お腹がへっこんだ、という人がよくいます。それは決して脂肪が減ったとかダイエットに成功したとかではなく、内臓が元の位置に戻ったためにウエストが縮んでお腹がへっこんだのです。

骨盤で重要なのは、その傾きや位置だけではありません。骨盤の底の部分には筋肉がついています。それらは骨盤底筋群《ていきんぐん》や骨盤隔膜《かくまく》（骨盤横隔膜《おうかくまく》）と呼ばれていますが、これはセックスや排泄《はいせつ》などに大きな影響を及ぼします。軽い尿失禁に悩む女性が増えていますが、これも骨盤底筋や骨盤隔膜の影響がありますし、便秘や下痢なども骨盤の影響で起こることもあるといわれています。

骨盤の傾きが、姿勢を決める

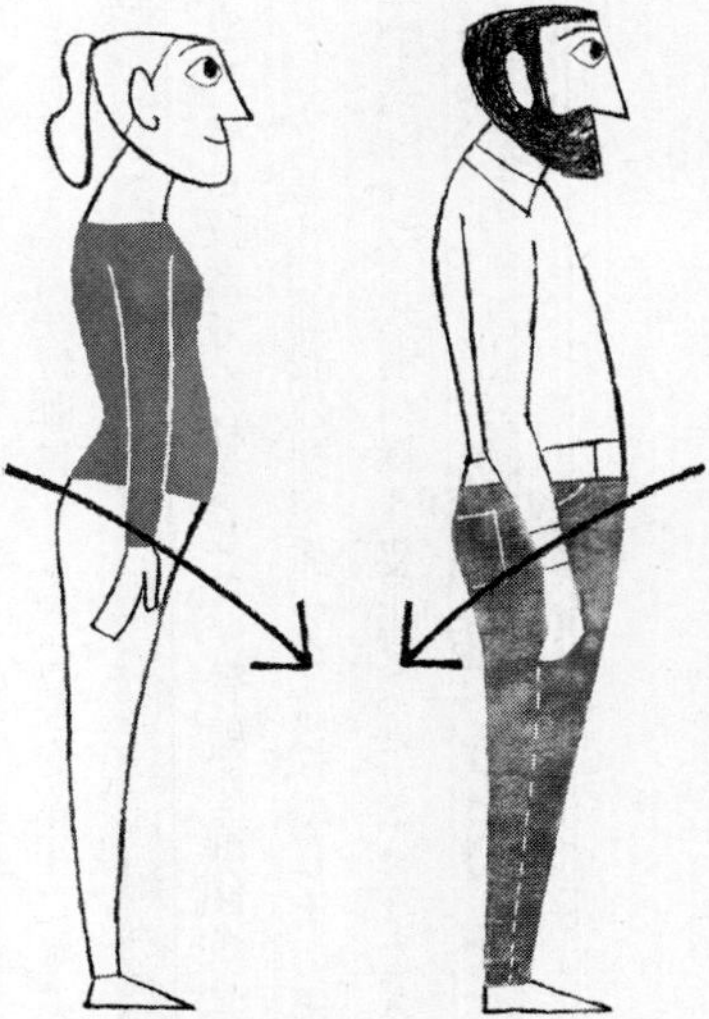

骨盤の傾きは、腰の骨のカーブを決め、それが背骨全体、さらには頭部にも影響を与えるのでとても重要です。イラスト右は骨盤が後傾した姿勢。左は骨盤が前傾して「ぽっこりお腹」になっている姿勢です

また、骨盤底筋群や骨盤隔膜は呼吸や声にも影響を与える筋肉群です。呼吸については4章で詳しく扱いましょう。

むろん、能でも骨盤は水平です。日本舞踊では骨盤を前傾させるようですが、能では骨盤は水平をよしとします。津村師に、なぜ骨盤を水平にするのか聞いてみたところ、「まっすぐに立ったときや運んだ（歩いた）ときに唐織《からおり》（能の装束の名称）の裾《すそ》が踵《かかと》から離れないため」だと教えてくれました。骨盤を前傾させるといわゆる「出《で》っ尻《ちり》」になりやすく、そうすると唐織の裾が踵から離れてしまいます。

またそれは能が武士が学び、武士が舞う芸能だったということも関係しているでしょう。骨盤の前傾がクセになってしまうと、二本の重い刀を腰に下げた武士たちは、すぐに腰痛になってしまいます。それを避《さ》けるためにも骨盤は水平である必要があったのでしょう。

骨盤が水平な能楽師の立ち姿

武士が舞う芸能だった能は、水平な骨盤
が求められました。写真は津村禮次郎師

「能」に見る心と体の関連性

変わる「こころ」と不変の「思い」

和の身体作法で最も大切なことは、自分のコアである深層の「み＝身」と、それによって作り出される姿勢と動きです。そして深層の「み」に対応して、表層には「からだ」があることは前述しました。

この関係は、体に限らず、心にも見ることができます。

よく「能はこころの芸術だ」などといわれます。

しかし、これは間違いです。能を含めた日本の古典では「こころ」というのはそんなに大切なものではありません。

「こころ」の特徴をひと言でいえば「変わること」です。

「こころ変わり」などという言葉があります。去年はあの人が好きだった。でも、今年はこの人が好きになってしまった。「ああ、なんて移り気な私」なんて自分を責める。しかし、そんな必要はありません。こころの特性は、変わることですから、それは当たり前のことなのです。こころの語源は「コ、コ、コ」という心臓音だといわれます。常に新たな血液を送り出すために動き続ける心臓。止まってしまっては死んでしまいます。動き続けるもの、変化し続けるもの、それがこころなのです。

しかし、ころころ変化する、そんなこころが能のテーマだったら、能はとうの昔に滅《ほろ》んでしまっていたでしょう。変化しやすい私たちのこころは、十数年前のトレンディ・ドラマ（この語すら死語）ですら古臭いと感じてしまいます。能がこころを扱っていたら六〇〇年以上も続いているはずがないのです。

では、能で扱うのは何なのでしょうか。

能『隅田川《すみだがわ》』は、人買いにさらわれたわが子を追って、狂気になりつつも都（京都）から東国《あずまのくに》まで旅をする母親を描く悲しい曲です。彼女は都から遥々《はるばる》と武蔵国《むさしのくに》（東京）までやって来て、隅田川を目前にします。

隅田川は都から見れば、はるかな東国にありながらも、平安時代の歌物語『伊勢物語《いせもの》語《がたり》』にも現われる名所。『伊勢物語』の中では、在原業平《ありわらのなりひら》が都に残してきた恋人のことを思って歌を詠《よ》み、涙を流す。今、能の主人公である母親はいなくなってしまったわが子を求めてこの川辺に佇《たたず》む。あちらは恋人、こちらはわが子。相手は違います。

しかし、能では「思《おも》ひは同じ、恋路《こひぢ》なれば」と謡います。恋人、わが子と対象は違っても相手を恋《こ》うという「思ひ」は同じなのです。「恋う」は「乞《こ》う」です。自分にとって大切なものが欠けてしまっている、ぽっかり穴が開いたような喪失感、それを埋《う》めたいと切《せつ》に「乞う」思いが「恋」です。

去年好きだったあの人も、今年好きなこの人も、対象は変わっています。しかし、相手に対する「恋」という渇望《かつぼう》する思いは同じなのです。

私たちは変化する「こころ」のその奥に、変化しない心的作用である「思ひ」をもちます。こころを表層の心理作用だとすれば、「思ひ」は深層、コアの心的作用です。そして能で中心に扱うテーマも、このコアの心的作用である「思ひ」なのです。不変の「思ひ」を扱うからこそ、能は六〇〇年以上も続いてきたといえるでしょう。

コアの心身へと変容する秘伝、「初心」

表層の「こころ」や「からだ」から、深層の「おもひ」や「み」に変化していくこと、これこそが能楽師がいくつになっても現役を続けられ、かつ能が六〇〇年以上も続いてきた秘密です。

表層から深層、つまりコアへの変化は一挙に起こるものではなく、段階的に徐々に変わっていきますが、その段階の一段ごとに大きな変化が起こります。いや、それは変化というような生易《なまやさ》しいものではなく、幼虫が毛虫になり、毛虫がさなぎになり、さなぎが蝶になるような、存在そのものが大きく変わってしまう「変容（トランスフォーメーション）」の過程だといっていいでしょう。

その変容は、もちろん放《ほう》っておいては起こりません。しかし、先達はその変容を引き起こすための秘伝のシステムを残しました。

それは能を大成した観阿弥《かんあみ》・世阿弥父子が残した言葉、「初心忘るべからず」です。

そんなの誰でも知ってる言葉だ、秘伝でも何でもない、と思うでしょう。ところがこの言葉に秘められた意味はとても深く、今使われている意味は世阿弥の意図した意味とはだいぶ違うのです。

世阿弥は「初心忘るべからず」という言葉をさまざまな意味で使いました。今それらを詳述している紙幅はないので、その最も基本である「初心」という言葉をみてみます。

初心の「初」という漢字は、衣偏《ころもへん》と刀《かたな》からできています。「衣を刀（鋏《はさみ》）で裁《た》つ」、それが「初」という漢字のもとの意味です。すなわち「初」とは、まっさらな生地《きじ》である布に、はじめて刀（鋏）を入れることを示す漢字なのです。

この初を使った言葉に「初恋」という語があります。「初恋」は、現在では、最初の恋という意味に使われていますが、昔は違います。誰かを好きになりはじめるとドキドキします。そのドキドキ感、これが「初恋」です。

北原白秋《きたはらはくしゅう》は「ヒヤシンス　薄紫に　咲きにけり　はじめて心　顫《ふる》ひそめし日」と詠《うた》いました。はじめて誰かに対して心が震え初《そ》める瞬間、それが「初恋」です。心震える相手が一生にひとりという人もいるでしょう。でも、何人かの人に心が震え、恋心をもつという人もいます。そういう人にとっては、「初恋」は一生に一度ではなく何度かあるものなのです。

その「初恋」の、楽しくもドキドキした気持ち、それも「初心」なのです。

でも、これはドキドキ楽しいだけの気持ちではありません。

何かを始めるときには、ドキドキ楽しい気持ちとともに、「うまくいかなかったらどうしよう」、「失敗したら笑われる」、あるいは「何が起こるかわからない」という不安や恐怖心もあります。その怖《こわ》さに、新たな世界に足を踏《ふ》み入れるのを逡巡《しゅんじゅん》してしまいます。そんなとき、不安や怖さを抱《かか》えながらも、まっさらな布に鋏を入れるように、新たな世界に「えいっ」と飛び込む、そんな勇気ある気持ちが「初心」です。

現在「初心忘るべからず」は、それを始めたときの初々《ういうい》しい気持ちを忘れてはいけない、という意味で使われています。しかし、世阿弥は「時々《じじ》の初心」という言葉を使いました。その時々に初心があるというのです。が、初恋が何度もあるように、この初々しい「初心」も、何かを始めたときの最初の気持ちだけではなく、折《おり》あるごとに、古い自分を裁ち切って、新たな自分として生まれ変わる「初心」が要求されます。

身体の細胞は一刻一刻、死と再生を繰《く》り返し、それにつれて私たち自身も刻々と変化をしています。木も水も風もみんな変化をしています。私たちも万物とともに変化しているのです。

しかし、ふだん私たちは自分が変化しているとは感じません。それは「自分はこんな人間だ」と考えている自分、すなわち「自己イメージ」がほとんど変化しないからです。日々の成長に気づかない、あるいは気づきたくないのが人間です。

しかし、固定化された自己イメージをそのまま放っておくと、当然、「自己」と「自己イメージ」との間にはギャップが生じます。成長している本当の「自己」と、昔の自分としてあり続けようとする「自己イメージ」としての自分との差がどんどん広がり、ついにはそのギャップの中で毎日がつまらなく、息苦しいものになっていきます。

そうなると好奇心も減っていき、成長も止まってしまいます。人生も、その人間もつまらないものになっていくのです。

そんなときに必要なのが「初心」です。

今こそ古い自己イメージをバッサリ裁ち切り、新たなステージに上り、そして新しい本当の自分に立ち返るときなのです。世阿弥は「老後の初心」などともいっています。

でも、これは厳しい。

初心とは自分を裁ち切るわけですから、それには痛みが伴《ともな》います。

今までの価値観が崩《くず》れ去り、これまで築き上げてきた地位がなくなり、ひょっとすると友人や財産までも失うかもしれない。今までの自分がガラガラと崩壊していくのを感じる。「魂の危機」を感じるかもしれない。

しかしそんな「危機」こそまさに「危険なチャンス（機会）」なのです。危機を避けていては成長はありません。自ら進んで危機を受け入れてこそ成長があります。そして、それを要求として突《つ》きつけるのが「初心」なのです。

初心に向き合う能のシステム、「披《ひら》き」

能の稽古では、「初心」に飛び込ませるために「披き」とか「免状《めんじょう》」というシステムを作っています。

お茶でもお華《はな》でも、お稽古を始めると、何級とか何段とかいう段階的なカリキュラムがあります。謡や舞など能の稽古でも、やはり段階的なカリキュラムがあり、その段階を昇る過程で「免状」をもらいます。また、ある特別な演目に関しては、それを学んで観客の前で披露するときには「披き」といって、特別な準備が必要となります。

しかし、能の稽古の場合は、段階といっても、ただ簡単なものから徐々に難しいものになっていくというだけではありません。

ある程度稽古をして、節《ふし》（メロディ）、拍子《ひょうし》、型《かた》という基本が大体わかってくると、急にそこで大きな断崖絶壁《だんがいぜっぺき》に立たされます。

自分の実力ではとてもできそうもない曲を「やってみろ」と命じられるのです。ピアノやバイオリンとは違って指の動きが難しいとか、そういう技巧的なことではない。やれといわれてできないことはない。謡おうと思えば謡えるし、舞えといわれれば型をなぞることはできる。しかし、とても自分にはできない、そんなふうに思われる曲をやれと命じられます。

技巧の問題ならば稽古時間さえ増やせば何とかなる。そうでないから難しい。やればやるほど自分にはできないという確信が押し寄せてくる。

先生もどうすればいいのかは教えてくれない。ただ「ダメだ」と言うだけ。

前に進んでもダメだし、後ろに戻ってもダメ。にっちもさっちもいかなくなり、いったいどうしたらいいんだと叫びだしたくなる。弓術を学んだヘリゲルと同じ断崖に立たされます。

少なくとも現在の自分でいる限り、そこには解決策は見つけられません。今の自分を切り捨てること、「初心」をして、はじめてそこに可能性が見える。が、そんなことは稽古をしている間はわからない。今の自分でいる限りわからない。

「ダメだ」と思いながらも、それでもがむしゃらに稽古をする。やればやるほどダメになる感じがする。それでもお披きの舞台の日は決まっている。だからがむしゃらに、ただひたすら稽古をする。

ほとんどの人は、まったく不本意なままお披きの日を迎えるでしょう。そして、無我夢中で舞台を勤める。当然、結果は不本意です。

しかし、それでもそのとき、その人は何かをぴょんと飛び越えているのです。そのとき、その人はまた新たな「初心」を迎えたのです。元来が弱い私たちは、自分で初心に飛び込むなんてそんなに簡単にはできません。披きというものを使って「初心」に無理やり向かい合わせる、それがお稽古に隠されている「初心忘るべからず」のシステムなのです。

「心《しん》より心《しん》に伝ふる花」――コアの中のコアこそが「心《しん》」

　さて、さきに表層の心身《しんしん》の奥に、コアとしての心身がある、というお話をしてきました。ところがじつは、さらにその深奥に、コアのコアとでもいうべきメタ・コア（卓越したコア）が存在しています。それを「心」と呼びます。「こころ」ではありません。「しん」と読みます。世阿弥は「心より心に伝ふる花」といいますし、禅では「以心伝心《いしんでんしん》」といいます。心《しん》は、これこそが「芯」であり、「神」でもある。「神」は精神の「神」です。まさにコアの中のコア、メタ・コアです。心身一如といわれるように、本来は心と体は切り離すことができない存在です。このメタ・コアである心《しん》は、精神と身体の最も奥にあって、心身によって共有され、心身を結ぶメタ（卓越した）存在です。

　この「心《しん》」は、いうなれば私たちの存在そのものです。いや、さらにそれよりも深い存在といえるかもしれません。私たち自身でもありながら、私たちを超える存在。それは私たち以上の存在、たとえばそれこそ神と呼んでもいいし、仏と呼んでもいいかもしれません。もう少し現代的な用語を使えば、スピリチュアルな存在と呼んでもいいし、宇宙の摂理《せつり》と呼んでもいいでしょう。そういう私たち自身を存在せしめる超越的な存在にも通じるような存在が「心」なのです。

ただし、それを信じれば幸せになれるとか、健康になれるとか、お金持ちになれるとか、あるいは悟《さと》れるとか、そういうわがままを助長《じょちょう》するような神様ではありません。また、それは日常的な私たちを超越はするのですが、しかしやはり私たちから離れては存在しないのです。

だから「心」を見つけようとするときには、自分の外に求めるのではなく、自分を掘り下げていきます。とはいっても自分探しとか、自己啓発なんていう生易しいものではありません。学校のように誰かに教えてもらうことはできないし、ましてや商品のように誰かから買うなんてことはできません。

ただ、お互いに真剣に探求し、まさにその「時」を迎えた師匠と弟子の関係ならば、それが伝わる瞬間というのがあります。それが伝わるときには言葉はいらない、まさに以心伝心の瞬間が立ち現われます。心（コア）と心（コア）が出会うときには、火花がスパークするように一瞬にして相手の心（コア）が自分の心（コア）に伝わるのです。

それが世阿弥のいう「心より心に伝ふる花」でしょう。武道などで秘伝が伝承される瞬間です。

もちろんその「時」に出会うのは簡単ではありませんし、誰もが出会えるというものでもありませんが、その時を待つのです。ただその時が来るのを信じて待つ。それが「心」と出会える唯一の道です。

2章
「和」の視点から知る、体の秘密

私たちの体も「陰《いん》と陽《よう》」でつくられている

陰陽はすべてに宿る

『風姿花伝《ふうしかでん》』には「一切《いっさい》は、陰陽の和《か》するところの境《さかい》を成就《じょうじゅ》とは知るべし」と書かれています。

陰陽の和合の境界、それこそがすべての成就のもとだといっています。

『風姿花伝』は能の大成者といわれる世阿弥が、父である観阿弥の口伝《くでん》を記した書です。その基本は観阿弥の思想ですが、しかし世阿弥的な視点もかなり入っているといわれています。

陰と陽というふたつの要素で、全宇宙のすべての事象を分類しようという考え方は、東洋の哲学の基本です。陰陽思想は、五行《ごぎょう》説と並べて語られることが多いのですが、このふたつの成立はもともとは別々で、陰陽の考え方が最初にあり、五行の思想はかなりあとになって成立したものです。

世阿弥は、この最も古い陰陽思想をすべてのものの成就のもとと考えました。

陰陽思想では、すべての事象を男性原理である「陽（プラス）」と女性原理である「陰（マイナス）」のどちらかに分類しますが、単なる二元論ではなく陽の中にも陰は宿り、陰の中にも陽は宿ると考えます。

さて、人間には、「陽」である男性と、「陰」である女性とがいます。陽は突き進む性質があり、陰には受け入れるという性質があります。動は「陽」で、静が「陰」です。ですから「陽」は不安定、「陰」は安定ともいえます。

数でいえば、動の数、すなわち「陽」の数は奇数であり、静の数、すなわち「陰」の数は偶数です。だからお祝い事のご祝儀には陽の数の金額を包み、不幸の際には陰の数の金額を包みます。

天候には晴れという「陽」があり、雨という「陰」があります。

天地でいえば、天が「陽」で、地が「陰」です。高いところは「陽」になり、低いところは「陰」になります。この応用で、たとえば山は「陽」ですが、同じ山でも陽《ひ》が当たる南側は「陽」になり、陽《ひ》があまり当たらない北側は「陰」になります。天体をみてみると、太陽は文字通り「陽」で、月が「陰」になります。月をベースにした暦《こよみ》は太陰暦といわれます。

さて、宇宙という言葉は、空間＝「宇」と、時間＝「宙」のふたつをあわせた言葉、時空を指します。空間に陰陽があるだけでなく、時間にも陰陽があります。たとえば、昼という「陽」があり、夜という「陰」があります。

そして「陽」である昼でも、常に陽であるとは限りません。

波に乗っていると感じる時と、何となくすべてがちぐはぐでうまくいかないように感じてしまう時、そういう時があります。これを世阿弥は男時《おどき》、女時《めどき》といっています。「陽の時」、「陰の時」です。

そして今が男時か女時かをちゃんと感じて、もし女時であると感じたら、ムリをせずに静かにしているのがいいとすすめています。

あらゆる事象は陰と陽に分けられる

陰	陽
女	男
受け入れる性質	突き進む性質
静、安定	動、不安定
偶数	奇数
雨	晴れ
地	天
低い	高い
北	南
夜	昼
女時《めどき》	男時《おどき》

陰陽はあらゆる事象をふたつに分類するという、とてもシンプルな思想です

陰陽は、まずはあらゆる事象をふたつに分類するというとてもシンプルな思想です。しかし、それに留《とど》まらず、今、この状況が陰であるのか陽であるのかを的確に感じ取り、それにふさわしい行動を選択するという、とてもダイナミックな思想でもあるのです。

体にある陰と陽

さて、私たちの体にも陰陽があります。

高いところが陽で、低いところが陰ですから、体幹《たいかん》と脚の境である股関節《こかんせつ》で体の上下を区切れば、上半身は陽、下半身は陰になります。また上半身の中でも、高いところの頭のあたりは陽で、低いほうにあるお腹《なか》は陰になります。

前後も陰陽に分けられます。これは山の南北と同じです。「背」という漢字は、「北」と「月」からできています。背のほう、すなわち背面が北になりますから陰です。そして、その逆である胸などの体の前面は陽になります。

体にもある陰と陽

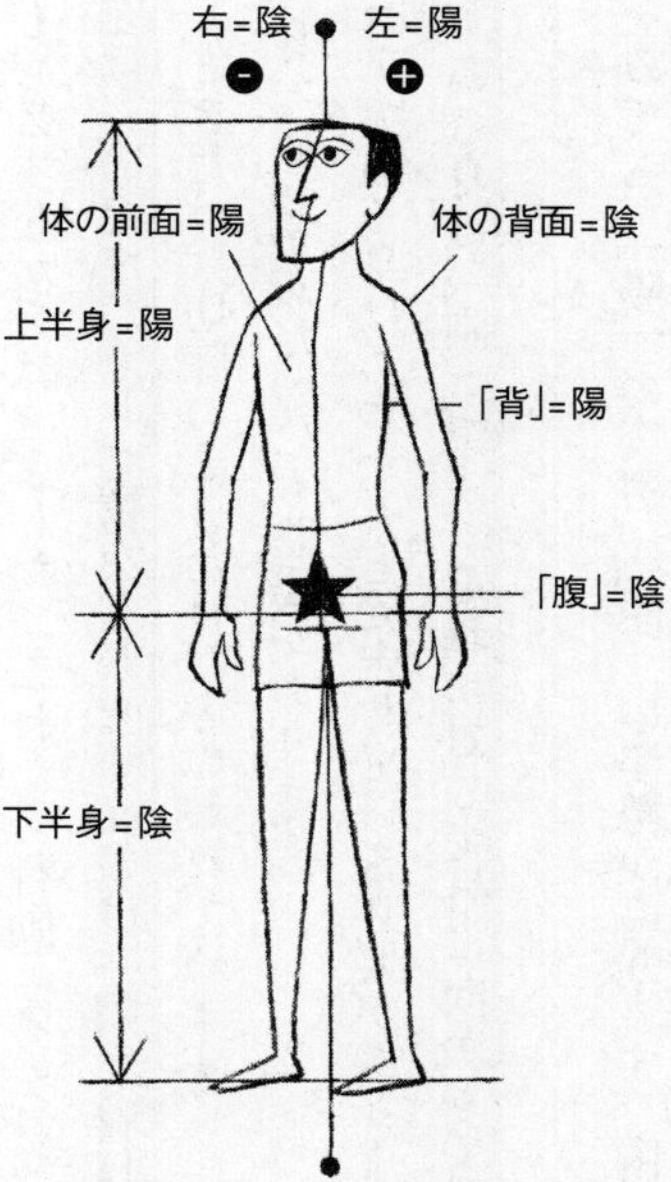

私たちの体にも陰と陽があります。股関節を境に、上半身が陽、下半身が陰。上半身の高いほうにある「背」は陽、低いほうの「腹」は陰。左右、前後、身とからだにも陰陽があります

ここから体の左右にも自然に陰陽ができてきます。

北を背にすると、左は東になります。東は太陽、すなわち陽《ひ》が生まれ出る方位ですから「陽」になります。そして逆の右は「陰」です。昔の人は足袋《たび》を履《は》くときも、袴《はかま》を穿《は》くときも、必ず左からはきました。これから行動（陽の行為）を起こすためですから、左からはくのです。そして袴を右から穿くのは「陰」の行為をするとき、すなわち死に赴《おもむ》くときだけ、切腹のときだけだといわれています。

そして、「身《み》」と「からだ」にも陰陽があります。

からだのコアである身はしっかりと安定している必要があります。安定は「陰」ですからコアである身は「陰」です。それに対して外に向かって働く表層のからだは「陽」になります。

また姿勢をみても、「陽」の姿勢、「陰」の姿勢があります。胸を張《は》っている姿勢、これは「陽」の姿勢です。それに対して背をまるめて胸を狭《せば》めている姿勢、これは「陰」の姿勢です。

「道《タオ》」と交感《こうかん》

このように、私たちの体にも陰陽があります。これによって私たちは、体内に宇宙をもつことができます。

当然、私たちは宇宙の中にある存在です。しかし、それと同時に、私たちの存在する宇宙そのものは、じつは私たちの内部にあるという考え方も生まれてくるのです。

ですから「人」と「天（宇宙）」は別のものではなく、本来は同じものなのです。陰陽という目に見えない抽象的なものが形になったのが、「人」になり、あるいは「天（宇宙）」になります。言い換えれば「人」も「天」も同じく陰陽の象徴なのです。

漢字では象徴のことを「文（紋）」と表わしました。

古代中国人は、私たち人間の陰陽によってつくられる身体宇宙が目に見えた姿を、人の象徴、すなわち「人文《じんもん》」と呼び、天の陰陽によってつくられる宇宙の象徴を「天文《てんもん》」と呼びました。そしてこの天文と人文はお互いに呼応《こおう》しあうという「天人交感」の考え方が、生まれたのです。

私たちの陰陽のバランスはそのままダイレクトに宇宙に反映します。特に王の体は、そのまま彼が治《おさ》める国家とつながります。国が乱れるのも天候が狂うのも、王の陰陽が乱れているからと考えるのです。

たとえば近年の異常気象、これも古代ならば王の陰陽のバランスが崩《くず》れているから起こると考えたでしょう。

中国の殷《いん》帝国で、聖王と呼ばれた湯《とう》王は、長く続いた旱魃《かんばつ》を王である自分の責任だとして身を焼こうとしました。自分自身の陰陽の乱れが天に感応《かんのう》して、天の陰陽のバランスを崩してしまっていると考えたためです。

現代から考えると迷信だと一笑に付してしまうような話ですが、近年でもユングの友人で宣教のために中国に渡ったリヒャルト・ヴィルヘルムの体験が紹介されています。

今までにも多くのところで紹介されてきましたが、ここでも煩《はん》をいとわず紹介することにしましょう。

ヴィルヘルムが宣教の目的で住んでいた中国のある地方での話です。その年は、ひどい旱魃があり、人々は知っている限りの雨を降らす方法を試しました。しかし一向にその効果はありません。そこで、とうとうひとりの雨乞《あまご》い師を呼ぶことにしました。

老雨乞い師は村に着くと明らかに不快そうに空気を嗅《か》ぎ、そして村の外《はず》れの小屋に一人きりにしてくれと頼みました。食事さえも村人の手からは取ろうとせず、彼らは雨乞い師のための食事を扉の外に置かなければなりませんでした。

三日の間、その老人からは何の音沙汰《おとさた》もありませんでした。ところが三日の後、急に旱魃の終焉《しゅうえん》を告げる雨が降り出しました。いや、雨どころか、この季節には前代未聞の大雪まで降ったといいます。

ヴィルヘルムはその老人に、どうやったのかを尋ねました。

最初、老人は自分は何もしていないと答えます。しかし、事実、雨は降りました。そのことを重ねて尋ねるヴィルヘルムに老人は答えました。

「ご存知のようにわしは、皆が秩序正しくしているところから来ておる。つまり『道《タオ》』のなかじゃ。だからそこでは天候にも秩序がある。ところがここの人たちは秩序からはずれており、わしにもそれがうつってしもうた。それでわしは、自分がまた『道《タオ》』のなかにいるようになるまで一人きりでおった。そうしたら、これはもう当然のことじゃが、雪が降ったというわけじゃ」（『サトル・ボディのユング心理学』老松克博著／トランスビュー）

老人のいう秩序正しい『道《タオ》』とは、すなわち陰陽が正しく整っている状態です。自分とその周囲の陰陽を整えることによって、天の陰陽も整う、その思想は近年までも継承されています。

むろん、これが本当に陰陽を正した結果なのか、あるいは偶然なのかはわかりません。しかし、この思想によって東洋では、世界を変えるにはまず自分自身の身を修《おさ》めるという「修身」の考え方が出てきたということだけは銘記しておく必要があるでしょう。

なおイエズス会の司祭であり哲学者でもあったアントニー・デ・メロ氏は、祈りは神意ですら変え得る力をもつといいます。そしてわが国において祈りとは、「誠の道」にかなうこと、すなわち陰陽正しく整った道《タオ》にかなうことだったのです。

陰陽のバランスが成就の秘訣

さて『風姿花伝』によれば、陰陽の中でも特に重要なのは、その「和《か》するところの境」であるといっています。一切の成就の秘訣は、陰と陽との和合する境界にあるというのです。

「和」という漢字は、本来は「龢（）」というふうに書かれていました。左側の「龠（）」は合わせる意味を表わす「亼（）」と、龠《やく》という楽器の象形である「冊（）」からできています。龠はさまざまな高さの竹を何本か束《たば》ねた楽器で、パンフルートのような楽器です。

和とは、龠が奏《かな》でる音楽のように、いくつもの違った音が鳴りながらも、そこにあるハーモニーが生まれる、そういう言葉です。みんなが同じ音を出す「同」とは違います。『論語《ろんご》』にも「和して同ぜず」という言葉があります。違う考え、違う意見をもった人同士が和合することが大切で、みんなが同じ考え、同じ意見になるのはよくないというのです。

陰陽でも同じです。むろん陰と陽はどちらが優れていて、どちらが劣っているということはありません。いくら陽である晴れが好きだからといっても、ずっと晴れていれば水不足になってしまいます。それでは「同」です。どちらがいいかではなく、晴れがあれば雨もある、曇りもあれば雪もある。大切なことは陰陽のバランスがちゃんと取れていることです。

『風姿花伝』では、さらにそのバランスを取る秘訣を述べています。

陰のときには陽で、そして陽のときには陰で演技をする、それこそが陰陽が和合する心だというのです。気持ちが沈みがちな夜、すなわち陰のときには心が華《はな》やぐようにウキウキと演じ、逆に明るい昼、陽のときには静かにしっとりと演じるのがいい。

ただし昼は常に陽であるとは限りません。陽であるべき昼でも、そこに陰の気を感じたら明るく演じることが大切で、そのためには常に観客の気を感じている必要があるというのです。ライブです。

大切なことは、どちらかの気が強すぎるときには反対の気を出すことによって、中和する、陰陽の和合、陰陽のバランスを取ることこそ、ものごとの成就、成功の秘訣だということなのです。まさに「和」です。

舞と謡は、能楽師の陰陽も整える

この陰陽の和合、陰陽のバランスというのは、能のような芸能に限らず、東洋ではすべてにわたってとても大切だと考えられてきました。それは自分自身の陰陽が、おのれひとりに留まらず、周囲の人たちにも、さらには天地宇宙にも感応されて、限りない影響力をもつからです。

東洋では自分の身を修める「修身」が重視されてきたのも、ここからきていることは書きました。

そして、そのためにはまずは自分自身の陰陽を整えることが大切です。そのための手引書の古典が『易経《えききょう》』です。これは身体というよりも、生き方や行動を陰陽との関係で考える書ですが、これが身体に応用されたのが東洋医学で、『易経』の思想をベースに体内の陰陽を整えていきます。

能も、舞台をはじめ、登場人物、楽器ひとつひとつの配置、舞《まい》や音楽の構造、そして一曲の構成までも陰陽のバランスが考えられて構成されています。

たとえば動きを見てみると、最も基本な能の型に「指シ込ミ（シカケ）」という型があります。これは手を上げながら前に出ていくという「陽」の動きです。そして、この「陽」の動きのあとには、必ず（といっていいくらい）後ろに下がる「ヒラキ」という「陰」の動きがあるのです。そして、左に行く「陽」の動きがあれば、次には右に行く「陰」の動きがあり、このように陰陽がちゃんと整って、ひとつの舞が構成されているのです。

また能ではふたつの鼓《つづみ》を使います。大鼓《おおつづみ》と小鼓《こつづみ》です。鼓を組み立てる前に炭火を

「陽」の指シ込ミと「陰」のヒラキ

指シ込ミ

ヒラキ

能の基本的な動き「指シ込ミ」は、手を上げながら前に出ていく「陽」の動きです。この動きのあとには、必ずといっていいほど後ろに下がる「ヒラキ」という「陰」の動きがあります

使ってカンカンに乾燥させるために、カーンという高く張った音の出る大鼓は「陽」の鼓です。拍《はく》も陽の拍である奇数拍を主に受け持ちます。これに対して湿《しめ》らせることによって深い味わいの音を出す小鼓は「陰」の鼓です。拍も陰の拍である偶数拍を受け持ちます。

能で使われるふたつの鼓はこのようにまったく異なった性質をもちます。晴れた日には陽の楽器である大鼓がよく鳴り、曇りや雨の日には陰の楽器である小鼓がよく鳴るのです。

ところが奇数拍と偶数拍を比べてみると、奇数拍が強調されると曲全体のスピードが遅くなる傾向があり、逆に偶数拍が強調されると曲が速くなるという傾向がありま す。これは手拍子をしてみるとよくわかるのですが、いわゆる宴会風の手拍子は奇数拍に打ちます。それに対してロックやジャズなどの手拍子は、後打ちと呼ばれる偶数拍に打つのです。

ということは、晴れた「陽」の日は奇数拍が強調される大鼓がよく鳴るわけですから、曲のスピードは自然に抑えられていきます。それに対して、曇りや雨の「陰」の

鼓《つづみ》にも陰陽がある

能に使われる鼓にも陰陽があります。大鼓は「陽」、小鼓は「陰」の鼓です。鼓だけに限らず、謡の強吟、弱吟などのように、能とは世阿弥の思想「陰陽の和する心」が内在している芸能です
(写真提供／津村禮次郎師)

日は偶数拍が強調される小鼓がよく鳴ることによって、曲のスピードは速められ、全体が引き立てられます。

陰のときには陽で、そして陽のときには陰で、それこそが陰陽の和する境という世阿弥の思想が、楽器の構造それ自体に内在されているのです。

太鼓と笛、昼の調子である黄鐘《おうしき》と夜の調子である盤渉《ばんしき》、そして謡《うたい》の強吟《つよぎん》、弱吟《よわぎん》と、能と陰陽について書いていくと限りがありません。

ただ、能を舞《ま》ったり、謡《うた》ったりすることで、自然に自分自身の陰陽が整っていき、そしてそれが天文《てんもん》にもつながる、そのように能がつくられている、ということだけは覚えておいてください。

佐渡《さど》には世阿弥が奉納したといわれる雨乞いの面が残されています。能の舞を陰陽正しく舞えば、降るべきときならば雨が降る。まさに天人交感の芸能なのです。

陰陽から、私たちの体を知る

姿勢はすべての動きの基本

世阿弥が重視した陰陽思想について理解したところで、自分自身の体の陰陽をみていくことにしましょう。

姿勢はすべての動きの基本です。

「あの人は一本、芯が通っている」という言い方をしますが、身体の中に芯としてのコアが通っている姿勢、それが陰陽のバランスが取れている姿勢です。しかし、一本芯が通っているといっても、それはまっすぐな棒のような芯が通っているのではありません。

陰陽の和合というのは単なる直線ではありません。あるところではへっこんでいて（陰）、そしてあるところではでっぱっている（陽）。そしてそれらがバランスよく和合している状態、それが陰陽の和合です。私たちの芯コアとしての背骨も美しい曲線を描いています。また、その周囲には螺旋《らせん》のように筋肉がからまりついています。でっぱったり、へこんだり、あるいは螺旋のようにからまりつく筋肉は、それが陰陽正しく配置されていれば、高速で回転する独楽《こま》がまるで静止して見えるように、頭頂から足裏に一本の線、あるいは円柱がすっと通るような立ち方が生まれます。

この線、あるいは円柱が芯コアです。前章で述べたように芯コアは、重心である核コアを中心に作られますから、この立ち方は自分の重心である核コアと、地球の核とを一直線に結んだ立ち方でもあります。

芯コアも核コアも内部にあるために見ることができません。それを外から見るには、左ページのイラストのように頭頂、耳（頭部）、肩、肋骨《ろっこつ》、骨盤《こつばん》、脚部、足部が横から見て一直線上に並んでいるかどうかでチェックをします。これらが一直線に並んでいれば、芯コアが通った立ち方ができていると考えていいでしょう。また、前から見た姿も目、口、鎖骨《さこつ》、骨盤、膝、足首などが水平になるようにします。

この姿勢があると、すべての美しく効率的な動きが生まれます（ただしこれは「理

バランスの取れている姿勢とは？

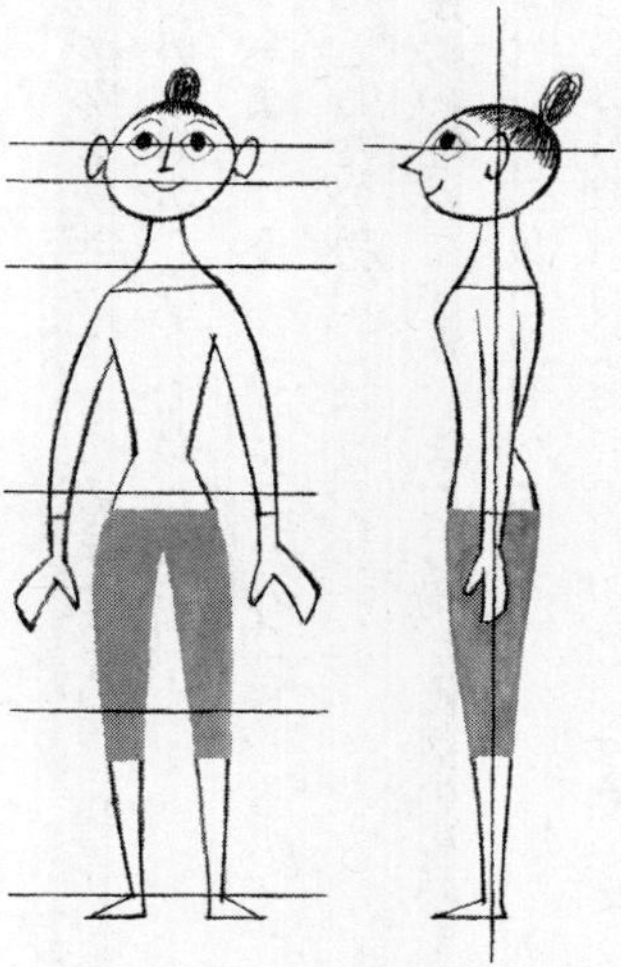

身体の中に一本芯が通っている姿勢、それが陰陽のバランスの取れた姿勢です。外から判断するには、横から見て、頭頂、耳、肩、肋骨、骨盤、脚部、足部が一直線になっているかどうか、正面から見て、目、口、鎖骨、骨盤、膝、足首などが水平になっているかで判断します

想的」な姿勢で、このような姿勢をもっている人はほとんどいません)。

あなたはどっちの姿勢?

では、あなたの姿勢をチェックしてみましょう。

あなたの立ち姿勢を横から写真で撮ります。

その写真を見てみましょう。まずはどんな印象をもちますか。あなたの姿勢は陰陽が和合した、すっとした姿勢でしょうか。

あるいは陰が優勢の姿勢ですか。または陽が優勢の姿勢でしょうか。細かいところは気にせず、まずはその印象を感じてみます。

陰陽が和合した姿勢が理想的なのですが、じつはそのような立ち方をしている人はほとんどいません。

大体、陰陽のどちらかが優勢になっています。陰陽が優勢といってもわかりにくいので、陰が優勢な姿勢を猫タイプの姿勢、陽が優勢な姿勢をフラミンゴタイプの姿勢

あなたの姿勢は、陰陽どっち？

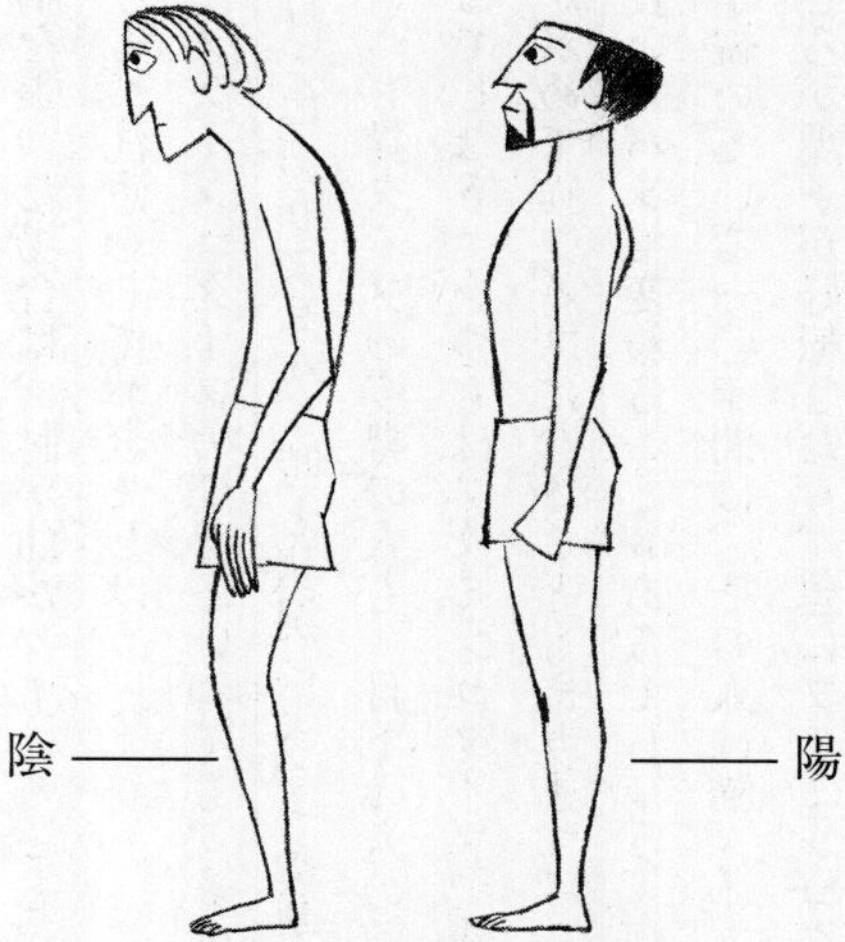

たいがいの人は、陰陽どちらかが優勢の姿勢をしています。また、陰の姿勢の人(左)が、いい姿勢を取ろうと胸を張った場合、肘が曲がっていることが多いのです

と名づけましょう。あなたはどちらでしょうか。自分の体を知るわけですから、ムリにいい姿勢を取ろうなどとは思わないでください。陰の猫タイプの姿勢の人が、いい姿勢にするために胸を張った場合は、肘《ひじ》が曲がっていることが多いのです。

ただし、ここでひとつ注意をしておきましょう。

猫タイプの姿勢、フラミンゴタイプの姿勢といっても、その人がいつもそういう姿勢であるというわけではありません。時と状況によって姿勢は変わります。たとえば、上司の前ではいつも猫タイプの姿勢の人も、目下の人の前ではフラミンゴタイプに変わることもあるでしょう。いつもはフラミンゴタイプで威張《いば》った感じの人でも、幼子《おさなご》の前では体をかがめて猫タイプになることもあります。

あるいはもっと長いスパンで変わることもあるでしょう。何をやってもうまくいかない、そんなことが続いている一〇年間は、その人は猫タイプの姿勢を取っているかもしれません。ところが調子が好転したら、急にフラミンゴタイプの姿勢になる。それが正しいのです。無意識で姿勢を選択しているために、自覚がないだけなのです。

時と状況によって姿勢は変わる、そのことが大切です。そして、もし、時と状況によっても変わることができないとしたら、それは問題です。

陰の筋肉、陽の筋肉

陰の筋肉のことを解剖学的には「屈筋《くっきん》」といいます。体を屈曲《くっきょく》させる筋肉群です。それに対して陽の筋肉を「伸筋《しんきん》」といいます。体を伸ばす筋肉群です。そして、体中には、この屈筋（陰の筋肉群）と伸筋（陽の筋肉群）とがバランスよく配置され、私たちの姿勢をつくっているのですが、しかし、深層筋《しんそうきん》も含めてもっとちゃんと自分自身をチェックするには、やはり1章でみた「背」と「腹」を道しるべに体全体の陰陽をみる必要があります。

股関節を境に体は上半身と下半身に分けられます。「背」と「腹」の陰陽については、前述したように、上半身の中で高いほうである「背」が陽、上半身の低いほうである「腹」が陰に属します。

「背」は主に上半身の姿勢を決め、「腹」は主に下半身の姿勢を決めるという役割をもっています。陰である「腹」は土台である下半身を決め、陽である「背」は外界と関わるための上半身を決めるのです。

ではまず「背」からみていきましょう。

陽《よう》の背、陰《いん》の腹から知る日本人の体

「背」からみる「能」の姿勢は武士の理想の姿勢

人には動きの中心となる二大関節があります。ひとつが肩関節《かたかんせつ》、そしてもうひとつが股関節《こかんせつ》です。そして私たちの祖先は、肩関節周辺のエリアを「背」、そして股関節周辺のエリアを「腹」と呼び習わしてきました。さらに、「背」が陽、「腹」が陰であるということは、何度かお話ししてきたとおりです。

1章で、「肩身が狭い」という言葉を出しましたが、肩も「背」に属するエリアですから陰陽でいえば「陽」に属します。ところが「肩身が狭い」といったとき、本来は陽であるべき「肩」が、陰である「身」に入り込んでしまった状態を指します。そうなると、体全体は狭くなり、陰になってしまうのです。

本来が陽であるべき背が陰になる。これは決して陰陽の和合ではありません。陰陽の古典である『易経』では、これを不中正《ふちゆうせい》といって不正な状態であるとします。

そして、この姿勢が残念ながら世間様文化の中に生きる日本人の多くにありがちな基本姿勢、猫背なのです。

ところが日本の古典芸能であり、まさに日本文化の象徴と思われている能の姿勢は、すっとしています。猫背、すなわち日本人の基本姿勢とは違っているのです。能を稽古《けいこ》している人に向かって「さすがお能をお稽古されている方は姿勢がいいですね」などと言う人も少なくありません。能というと、背筋を伸ばしているイメージがあるのです。

それは能が、武士という肩身が狭くない階級の人たちによって伝えられてきたことにも起因しているのかもしれません。むろん武士たちも世間様の中で生きてきました。しかし、彼らは胸を開き、背筋を正す生き方をしようとしてきました。肩身が狭い生き方などは、むろん否定します（むろん建前ですが）。それによって、武士の理想の姿勢である能の姿は、肩身が広い、胸が開放された姿勢になるのです。

また、オープンな潔癖な体は腹も関係してきますが、これに関しては腹の項でもう一度みることにしましょう。

さらに武士たちは、肩を身に入れるということを逆手《さかて》に取って武道に応用しています。裏入り身という型があります。刀などで斬《き》りつけられたときに逃げるのではなく、むしろ自分の肩を相手の身に入れてしまうことによって避《よ》ける型です。

ネガティブなことを逆手に取る、肉を切らせて骨を切る、まさに「刀」という漢字を含む「初」を使った言葉、初心の考え方です。

また、能の型を見てみると、肩を開く型が少なくないということも、すっとした姿勢を作る理由のひとつだと考えられますが、これに関しては4章で実際にエクササイズを行ない、動いてみましょう。

背と肩は、日本人にとって何かを担《にな》う場所

日本人にとって「背」とは、何かを担うためのエリアでした。

赤ちゃんをおんぶするのも背、行商《ぎょうしょう》の人たちが荷物を担うのも背です。このように具体的な事物だけでなく、比喩として、人の仕事や責任を引き受けるときも背中を使います。

大変な仕事を引き受けるときには「背負う」という言葉を使います。「そんなに背負っちゃって大丈夫?」なんて聞きます。そして、それは度《ど》を過ぎていてちょっとムリなんじゃないかなあ、というときには、「あの人ちょっと背負い込んでいるね」なんていったりします。自分のことより、仕事や人のことのほうを思わず一所懸命やってしまう日本人の性格をよく表現しています。

同じ「背」を表わす言葉でも、英語の「バック(back)」や、もともとが「背く《そむ》」という意味をもつ漢字(中国語)の「背」が何となくネガティブな響きをもっている

のに対して、人の責任すら担ってしまおうという日本語の「背《せ》」には、どことなくおせっかいながらも、しかしポジティブな響きを感じます。

そして、同じように人の仕事や責任を引き受けるときに使う、もうひとつの言葉が「肩」です。「肩を貸す」とか「肩代わりする」などといいます。これもやはりムリをしがちになりますから、そういう姿は「肩肘を張る」とか、「双肩《そうけん》に担う」などと表現されます。

そしてそれが激しくなると「肩がつま」って、「肩が重く」なります。だからもうダメというときには「肩をすくめ」て恐縮して、「肩身の狭い思い」をします。

背と肩、日本人にとってはともに何かを担うエリアなのです。

肩関節のキー・ストーン、「肩甲骨《けんこうこつ》」

肩関節、すなわち「背」で最も重要な骨が肩甲骨です。

それにはふたつ理由があります。ひとつは、腕が肩甲骨についているからであり、もうひとつは肩甲骨が上半身の姿勢を決めてしまうからなのです。

腕が肩甲骨についていると聞くと驚く人が多いようです。それは、多くの人は肩甲骨は背中だけについていると思っているからです。しかし、本当は55ページのイラストのように体の前面にまで顔を出して、腕を体につけているのは肩甲骨なのです。ですから上半身、特に腕の動きの大部分を決めてしまうのは、この肩甲骨の状態です。肩甲骨こそまさに肩関節のキー・ストーンだということができるでしょう。キー・ストーンである肩甲骨が、正しい位置にあってはじめて腕を十分に使うことができるようになります。

さらには肩甲骨についているさまざまな筋肉は、背中や肩、そして頭にもつながっていますので、肩甲骨の不具合は、頭痛や肩凝りの原因にもなります。

「腹」からみる

魂の棲家《すみか》でもある「腹」

陽の「背」のエリアに対する陰の重要なエリアが「腹」です。こちらは股関節のエリアです。

日本人にとっての腹の重要性は、いまさらいう必要もないでしょう。

昔の日本人、特に武士は「心はどこにあるか」と聞かれれば、躊躇《ちゅうちょ》なく腹を指しました。「誠」を大事にした武士は、それを疑われれば、切腹という手段によって腹を開き、そこにある「明《あか》き浄《きよ》き心」、すなわち潔癖さを示しました。

腹とはただ内臓が収まっている容器ではなく、魂の棲家でもあったのです。

それは切腹がなくなった現代の日本にも残っています。心を開いて話すことを「腹を割って話す」などといいますし、「腹を開く」ともいいます。また、人から聞いたことでも他人に話すべきことでないことは「腹に収め」ますし、腹の中に何も隠《かく》していないことを「腹蔵《ふくぞう》ない」などともいいます。

逆に心を閉じて隠し事をしていると「腹を探《さぐ》られ」てしまったり、「腹を見透《す》かされ」てしまったりもします。

また、昔、武士は自分の命をかけてまで上司を諫《いさ》めようとするときは、陰腹《かげばら》といって、事前に切腹をしてしまい、それを晒《さらし》で括《くく》って上司のもとに赴きました。このような覚悟をすることを、切腹がなくなってしまった現代でも「腹を括る」などといいます。

そして、繰り返すようですが、腹にはもうひとつの脳があると考えられてきました。「腹脳《ふくのう》」ともいいます。頭の脳で考えてしまうと、欲や自我に左右されて誤った選択をしてしまいがちですが、腹の脳、腹脳で考えると、しっかりとした選択ができるのです。

このように日本人には腹が大切なので、日本では仏像を見ても、仙人《せんにん》や聖人《せいじん》の絵を見ても、みんなお腹が充実しています。お釈迦《しやか》様とキリストの絵を比べてみると、東洋と西洋の違いがよくわかります。日本人にとっての「腹」は、充実していることが大切だったのです。そして、それは食事とも関係しています。

昔の食生活は一日二食だったといわれています。簡単な仕事ならば朝飯前《あさめし》にやってしまいますが、大変な仕事を朝飯前にさせられると「朝っ腹《ぱら》から」こんなことをさせて、と怒《おこ》ります。まだ朝ごはんを食べていない、朝のお腹では大変なことはしたくないのです。

それに対してお腹がいっぱいになると「腹ができている」人だといわれるし、そういう人を「腹が太い」、すなわち「太っ腹」な人といいます。そうなると「腹を据《す》えて」かかることもできるようになります。それに対するのは「腹が小さい」人、もっとダメで全然度胸がない人のことは「腹がない」人なんて言い方もします。

ただ、腹を膨《ふく》らませようとしてしまうと「私腹を肥《こ》やす」なんてことにもなりかねないので注意が必要です。

「力を入れる」と「力《りき》む」の違い

古典芸能では、よく「腹に力を入れろ」といいます。声を出すときには「腹から声を出せ」といわれます。そういわれると、多くの人は腹筋《ふっきん》（腹直筋《ふくちょくきん》）にぐっと力を入れて緊張させます。しかし、これにはふたつの誤りがあります。1章でも少し触れましたが、ここで詳しく説明しましょう。

ひとつは力を入れる筋肉です。腹筋を緊張させてしまっては、声がうまく出ないうえに、呼吸すらも浅くなってしまいます。ここで力を入れるのは、腹筋、つまり腹直筋ではなく、お腹の深層筋である腹横筋《ふくおうきん》です。しかし、腹横筋は、「力を入れろ」といわれて、はい、そうですかと、力を入れられるような簡単な筋肉ではありません。ですからお腹に実際に力を入れるという行為自体が間違いを引き起こしてしまう可能性もあります。

もうひとつは「力を入れる」という行為そのものの誤りです。「力を入れろ」といわれると筋肉を緊張させてしまいます。しかし、それは「力むこと」です。「力を入れる」ことと「力む」こととは違います。

「ちから」は日本の言葉、和語です。それに対して「力《りき》」は漢語、中国の言葉です。もともとはまったく違う言葉です。ここで私たちが考えたいのは和語の「ちから」のほうです。

「ちから」という言葉で大切なのは「ち」です。「ち」は「いのち」の「ち」です。「ち」に漢字を当てはめれば「魂」とか「霊」になります。「血」や「風（東風をこちといいます）」も同じ語源の言葉です。「いのち」とは「息《い》の魂《ち》」、呼吸によって体内に吹き込まれた霊魂《れいこん》をいいます。「ちからを入れる」とは、ただ力むのではなく、そこに魂を吹き込むこと、そのような行為をいいます。

腹筋を緊張させるのではなく、魂の棲家であるあなたの腹に魂を吹き込み、腹部全体が、ほどよい緊張を保っている状態、それが腹に力が入っている状態です。それには腹を、特に骨盤を意識します。

いや、正確にいうと意識するというよりは、骨盤を中心とした腹が常に自分の存在の中心としてそこにあるというような状態をつくることです。それが腹に力が入っている状態であり、腹が据わっている状態です。

いのちを吹き込む呼吸を司《つかさど》る筋肉群が、意志によって動く随意筋《ずいいきん》であるにもかかわらず、睡眠時などの無意識のときにも働いているように、私たちは腹を、そして骨盤を、意識していないときにも意識していることが必要とされるのです。

そしてその状態を簡単に作り出すのが、じつは着物だったりします。

着物の特徴は帯を締《し》めることです。帯はお腹の上部を締めつけるベルトやスカートとは違って、腰骨のあたりで締めます。まさに骨盤です。

現代の着付けでは女性の帯はかなり上のほうに締めますが、左ページの屏風絵《びょうぶえ》のように、明治初期までは女性も男性の締め方に近く、腰の位置に締めていました。帯を腰に締めることによって骨盤が意識されます。これをハラ意識といいます。

腰に帯を締め、骨盤が常に意識されていると、呼吸によって「いのち」が吹き込まれるように、腹には「ちから」が入るのです。

また、帯にはこれ以上の効用がありますが、これについては4章で帯を使ったエク

昔の女性は
腰の位置に帯を締めていた

明治初期までは、女性も男性と同様に腰の位置に
帯を締めていました
(江戸名所図屏風／出光美術館蔵)

ササイズをしながらお話ししましょう。

「腹」で一番重要な骨、「骨盤」の構造

「背」で最も重要な骨は肩甲骨でしたが、「腹」の場合は骨盤です。「骨盤」といってもひとつの骨ではなく、三つの骨（ふたつの寛骨《かんこつ》とひとつの仙骨《せんこつ》）が組み合わさっています。また、寛骨も腸骨《ちょうこつ》、坐骨《ざこつ》、恥骨《ちこつ》の三つに分かれ、仙骨もその先に尾骨《びこつ》をもちますので、正確には八つの骨からできているといえるでしょう。

骨盤は内臓を支え、また上半身の重さを受けて、それを両脚に分散させます。また、走ったり、ジャンプをしたりするときなどは、逆に脚にかかる負担が上半身にそのまま伝わらないようなショック・アブソーバーの働きもします。

骨盤は下半身全体に影響を与えます。しかし、その影響の範囲は下半身だけに留まりません。

下半身は姿勢の基礎です。下半身の姿勢を決めてしまう骨盤は体全体の姿勢を決め

骨盤の構造

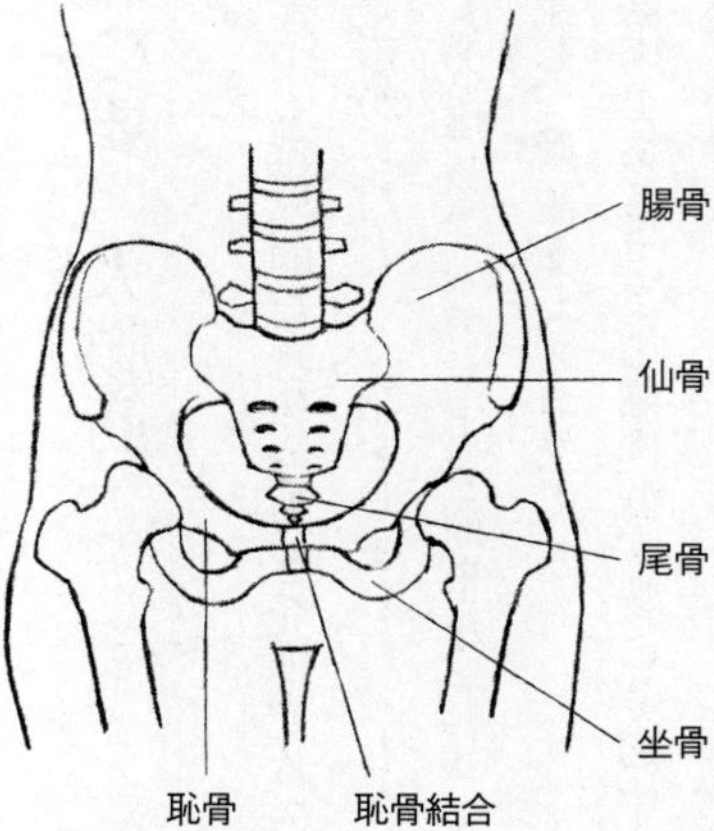

「腹」で最も重要な骨である骨盤。腸骨、坐骨、恥骨からなる寛骨が左右にふたつ。そこに、仙骨、尾骨を加えた八つの骨からできています

てしまうといっても過言ではありません。

特に骨盤の傾きは腰の骨のカーブを決め、それが背骨全体、さらには頭部にも影響を与えるので、とても重要です。

コアの筋肉群の要《かなめ》、「大腰筋《だいようきん》」

能楽師が高齢になっても驚異的な身体能力を発揮するのは、「身《み》」を構成するコアの筋肉群を活用しているからだという話をしました。しかし、コアの筋肉群は意識することも、鍛《きた》えることも難しいので、より簡単な「背」と「腹」の筋肉群からアプローチする方法を提案し、解説をしてきました。

ここでは「身」の筋肉であるコアの筋肉群、特にその中心である大腰筋についてみていきたいと思います。

上半身と下半身をつなぐ大腰筋

重い荷物を持つときや、走るとき、キックをするときなども、コアの筋肉を使うと、今まで以上の力を発揮できるようになります。

そのコアの筋肉群の中で、最も重要なものが大腰筋です。それは大腰筋がただコアの筋肉であるというだけでなく、上半身と下半身とを結ぶ筋肉だからです。

私たちの上半身と下半身は骨でいえば背骨とそれにつながる骨盤によって結ばれていますが、筋肉でいえば大腰筋によって結ばれています。大腰筋のスタートは背中の下部です。背中の下部といっても体の外側ではなく、内側になります。そこからスタートした大腰筋はお腹を通り、骨盤も通り越して腿の内側までつながっています。とても長くて、しかも太い筋肉です。

上半身と下半身の両方に影響を与えるわけですから、肩甲骨や骨盤と同じくらいに姿勢をつくる最も重要な筋肉なのです。

1章でも触れましたが、特に「ぽっこりお腹」は、大腰筋がゆるみすぎたり、逆に緊張しすぎたりしていることによって起こることが多いのです。

ただ、繰り返しますが、大腰筋は鍛《きた》えるということが基本的には難しい筋肉です。しかし、ほとんどの人が、大腰筋に対して何もしてこなかったので、活性化させるだけで大腰筋はかなり変化します。その方法については4章で扱いますので、何はともあれ大腰筋を活性化させたいという方はそちらをお読みいただき、ここでは古典に現われた大腰筋についてお話をしていきます。

古典に現われた大腰筋

前述したように、日本で大腰筋が注目されたのは二〇〇一年になってからです。ロルフィングは大腰筋に注目した、かなり初期のボディワークですが、それでも生まれたのは一九五〇年代。大腰筋は上半身と下半身を結ぶ、しかも太くて強い重要な筋肉であるにもかかわらず、それ以前は、「大腰筋はヒレ肉、おいしいぞ」ということ以

大腰筋は、姿勢を作る最も重要な筋肉

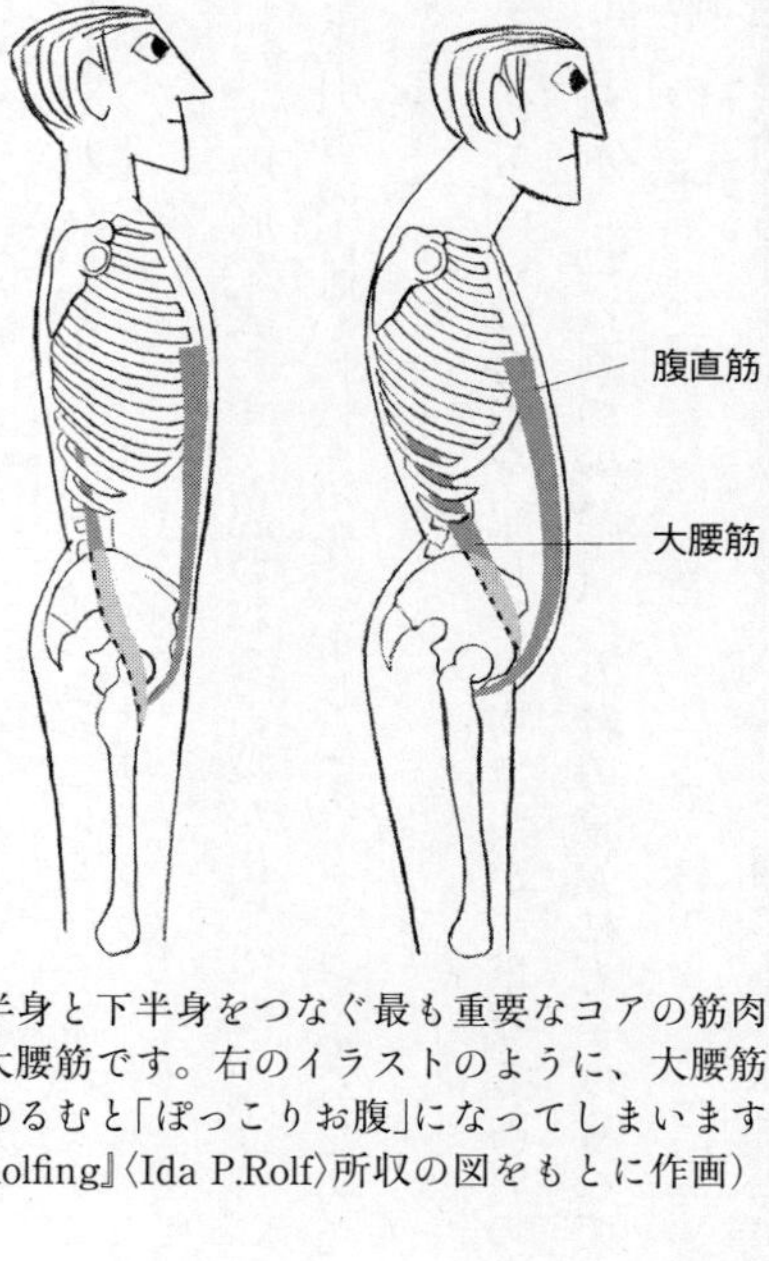

上半身と下半身をつなぐ最も重要なコアの筋肉が大腰筋です。右のイラストのように、大腰筋がゆるむと「ぽっこりお腹」になってしまいます（『Rolfing』〈Ida P.Rolf〉所収の図をもとに作画）

外、ほとんど注目されていませんでした。

それは大腰筋が体の深部にあって、まさかそんな筋肉が日常生活や運動に大きな影響を与えるなどとは思われていなかったためです。そんな深部の筋肉が古典に現われるなんてちょっと信じられない話ですし、今までどこにも紹介されてきませんでした。

しかし、『易経』には大腰筋を表わすと思われる言葉が出てくるのです。

『易経』は、陰陽の手引書の古典として紹介しましたが、ここであらためて『易経』についてお話をしましょう。

『易経』とは、易《えき》すなわち占いの言葉を記した書物ですが、単なる占いの本ではなく、儒教の経典《きょうてん》として尊重される五つの経書、五経《ごきょう》の筆頭にも挙げられているというとても重要な書物なのです。

星占いならば一二星座がありますが、『易経』には「当たるも八卦《はっけ》当たらぬも八卦」といわれるように八×八の六四の卦（占いの結果）があります。そのひとつひとつの卦の中には、それを詳しく説明した爻《こう》と呼ばれるものがおのおの六つずつあり、六四の卦と三八四の爻を読み解きながら占いをしたり、あるいは哲学書として読んだりします。

さて、その六四の卦のひとつに「艮《ごん》」というのがあります。そして、その「艮」の爻のひとつ、九三に「その限に艮《とど》まる。その夤《いん》を列（裂）す。厲《あやう》うして心を薫《くん》ず」という爻辞があります。

「限」とは体の上下を分ける際《きわ》です。ここに留まることによって夤を裂傷してしまうというのです。この「夤」こそ、大腰筋だと私は思うのです。

じつは「夤」を漢和辞典で引いても大腰筋という意味は出てきません。また『易経』の注釈を昔に遡《さかのぼ》って調べても大腰筋という意味は出てきません。というよりも、この漢字の意味には、注釈者によってさまざまな意見があり、本当はその意味はよくわかっていないのです。それは古来の注釈者が大腰筋を知らないからで、もし昔の注釈者に解剖学の知識があれば、これは絶対、大腰筋だといったと思うのです。

さて、夤を『字通《じつう》』（白川静著／平凡社）で調べると、訓義としては「つつしみおそれる」とか「大きい」とか「つらなる」という意味が書いてあります。しかし字体を見れば「夕」が入っているので、本来は人の体に関する漢字であることは明らかです。

特に金文《きんぶん》を見ると「」。「」とあることから、上の「夕」は肉を表わします。これは背や腹、肩の漢字にも入っている「月《にくづき》」と同じ漢字で、もともとは祭礼で神に捧げる肉を示した漢字ですが、そこから肉である人体を表わす部首になりました。また下の「寅」はもともとは両手に聖なる矢をもつという漢字で、「イン」という音から「殷」にも通じ「大きい」という意味をもっています。賑《にぎ》やかに活気があるさまを「殷賑《いんしん》」といったりします。

「限」は体の上下の境を表わす漢字でした。『字通』には「つらなる」とか「大きい」とかいう意味がありました。体の中で上半身と下半身の際にあって、大きく、そして連《つら》なる筋肉といえば、まさに大腰筋です。

しかも、その夤を裂してしまうのは最悪の凶だという注が、魏《ぎ》の王弼《ひつ》によって（紀元三世紀ごろ）書かれています。大腰筋とは意識されていませんでしたが、この筋肉の重要性は古来、認識されていたのでしょう。

3章
ロルフィングで体をゆるめる

楽な体をつくる「ロルフィング」

メジャーリーガーからも圧倒的な人気のボディワーク

これまでは体の陰陽とその和合について、能を中心とする和の視点からみてきましたが、本章ではそれをロルフィングを通じた解剖学的な面からもお話ししていきたいと思います。

ロルフィングは、ヨガやマッサージなどのように、体を整える技法の総称「ボディワーク」のひとつです。ロルフィングについては1章でも少し触れましたが、ここではその成り立ちからお話ししましょう。

ロルフィングは一九五〇年代にアメリカで生まれました。ボディワークにはさまざまな方法がありますが、ロルフィングは整体のように手技《しゅぎ》を使います。ただいわゆる整体と違うところは、受ける人が横になって、施術者からただ受けるのではなく、受け手も体を動かしたり、イメージをしたりして参加することです。ですから本来は施術といわずに、セッションとかワークとか呼びます。

創設者はアイダ・ロルフ博士です。彼女は米国コロンビア大学で生化学の博士号を取得した後、ロックフェラー財団で生化学者として働いていました。

博士は、いろいろなお医者さんに診《み》てもらってもなかなかよくならなかった自身の家族の体の問題を何とかしようと思い、洋の東西を問わず、さまざまな治療法を研究しました。そして、その結果、個々の問題そのものよりも、体のバランスを整え、楽な体を取り戻すことが大切だと考えました。

体のバランスを整え、楽な体を取り戻せば、身体の可能性を最大限に引き出すことができます。そして、その最大限に引き出された身体の可能性を十分に活《い》かすことによって、人は身体的にはもちろんのこと、精神的にも感情的にもホリスティック、つまり統合的に、向上することができると考えたのです。

そして、そのためには筋繊維を包む膜《まく》である筋膜《きんまく》にアプローチすることが最も効果的であることを発見し、ロルフィング（当初は「構造的統合（Structural

Integration)」と呼ばれていました）を完成させました。

ロルフィングの目標は体のバランスを整えることによって、身体の可能性を引き出すことですから、病気や怪我《けが》の治療を目的にしていないのはもちろんのこと、肩凝《こ》りや腰痛などを治すということすら目標にはしていません。ロルフィングは腰痛に効《き》きますか、などと聞かれますが、残念ながら「はい」とは答えられません。ただし、楽な体が取り戻せますから、そのような症状が緩《ゆる》まることはあります。

しかし、それはあくまでも副次的なこと。本来の目標は体のバランスを整えることです。そんなロルフィングですから、発祥地のアメリカではオリンピック選手やメジャーリーガーなどをはじめとするスポーツ選手、音楽家、ダンサーなどの体を使う人たちから圧倒的な人気を得ています。

とはいえ、日本では残念ながらほとんど知られていません。ロルフィングの施術者になるためのトレーニングでは、途中に試験や論文提出があり、それに合格しなければ次の段階には進むことができず、挫折してしまう人もいます。しかもアメリカ生まれであるために、トレーニングも試験も論文もすべて英語です。日本人にとっては資格が取りにくいボディワークなのです。ですから、ロルフィングの施術者であるロルファーが日本全国では、たった四〇名ほど（二〇〇六年春）しかいません。それも、ロルフィングが知られていないひとつの理由でしょう。

子どもたちから学んだ「ゆるめる」大切さ

ロルフィングとの出会いは1章でお話ししましたが、ロルフィングを受けるというクライアントの立場から一歩進んで、自分もロルフィングを学びたいと思ったのは、北海道の小学校で能の授業をしたのがきっかけでした。

小学校三年生のあるクラスの担任の先生から「うちのクラスに急にキレてしまう男の子が三人いるのですが」という相談を受けました。ふだんはいい子なのですが、一度キレてしまうと手がつけられないほど暴《あば》れてしまう、といいます。

その先生は、さらに「その子たちはキレるときに呼吸が止まっているんです」とも教えてくれました。そこで「能の授業のときに、呼吸法も教えていただけませんか」

した。

と頼まれたのです。

そこで4章で紹介する、吐く息を中心とした丹田呼吸《たんでん》を授業の最初に行ないました。ところがその子たちはそれがうまくできません。何度やっても浅い呼吸しかできない。体に触れてみると、ガチガチです。

「これは体自体をゆるめる方法を学ばなければ」と思い、ロルフィングのトレーニングを受けたいと考えました。ところがロルフィングのトレーニングはアメリカに行かなければ受けることができません。これはムリだと諦《あきら》めかけていました。

ところがちょうどそのころ、私にロルフィングを紹介してくれた看護師で、現在は公認ロルファーの中村直美《なかむらなおみ》さんも、ロルフィングのトレーニングを受けたいと考えていたのです。彼女は当時、現代医療だけではない方法で患者さんに接したいという希望をもち、ロルフィングを学びたいと思っていたようです。彼女の場合は私よりも動機がはっきりしていて意志も強く、私と中村さんにロルフィングをしてくれたロルファーの田畑浩良《たはたひろよし》さんにお願いして、ロルフィングのトレーニングを日本で受講できないかと、アメリカのロルフィングの協会に働きかけていました。

アメリカ側としては、最初、ロルフィングを学びたいならアメリカへ来い、何もわざわざ日本までインストラクターを何人も派遣する意味はない、とロルフィング・トレーニングの日本での開催の意味を感じてくれませんでした。しかし、田畑さんは根気よく交渉してくれ、二〇〇〇年に日本で最初のトレーニングが開催され、私もそれに参加したのです。

そのおかげで今では学校での能の授業で呼吸を教えるときにも、以前よりずっと効果的にできるようになりました。また、ロルフィングを通じてたくさんのスポーツ選手や武道家の方たち、あるいは音楽家の方やダンサーの方などと知り合い、身体技法やロルフィングの可能性をともに考えることができるようになりました。特に免疫学者の故・多田富雄《ただとみお》先生（東京大学医学部名誉教授）や作家の林望《はやしのぞむ》先生にロルフィングをさせていただいた経験は、身体のまったく新しい可能性を考えるきっかけとなりました。

さらに能を解剖学的に見直すという機会にも恵まれました。そして、その結果、体に大きな問題をもっていない人ならば、能をはじめとする和の姿勢や動きをするだけで、バランスの取れた体を取り戻せるのではないだろうかと考えたのです。

その成果のひとつが本書なのです。

体がゆるむメカニズム

なぜ体はゆるむのか？

ロルフィングでは緊張してしまっている筋肉はゆるめ、また逆にゆるみすぎてしまっている筋肉は活性化させます。ちょっと専門用語を使うと「筋肉のトーナス（緊張度）を適正化する」といいます。筋肉のトーナスが適正化されれば、体は自然にいいバランスを取ろうとするのです。

しかし、それはそんなに簡単にできるのでしょうか。特に緊張してガチガチになってしまっている筋肉をゆるめる、なんてことが本当にできるのでしょうか。

うまいマッサージ師や整体師にかかったときに、あんなに硬かった筋肉がゆるんでいき、凝りがみるみるうちに取れていった、そんな経験をもったことのある人も多いと思います。また、何カ月も何年もストレッチを続けることによって、硬い体が柔らかくなった、という経験をもつ人もいると思います。

整体やストレッチは、硬くなってしまった筋肉をゆるめるのにとても効果的なのです。特にストレッチは、自分でもできる手軽な方法のひとつです。

しかし、またここでひとつの問題が生じます。

本当に体が硬い人は、ストレッチも続かない、のです。

そういう人に対して「それは努力が足《た》りないからだよ」とか「本当にやる気あるの」などとひどいことを言ったりする人もいます。しかしストレッチが苦手な人も最初は努力をします。でも、ストレッチ自体が苦痛だし、いくらやっても、全然効果がみえないためにストレッチの効用が信じられなくなって、途中で投げ出してしまうのです。

体を動かしたり、ストレッチをすることが苦手な人が無理に努力をすると、よけいに体は硬くなってしまいます。

そこで、ロルフィングでは体をゆるませるためにふたつの方法を使います。ひとつは手技によって結合組織に働きかける方法と、もうひとつは脳神経システムに働きかける方法です。

結合組織に働きかける方法は、実際に手技を受けてみなければわかりにくいので、体験してみたい方は巻末のロルファーにご連絡いただくことにして、ここでは脳神経システムに働きかける方法についてお話ししましょう。

脳神経システムからゆるませる

歩くとか、モノを取るとかいう簡単な運動から始まって、オリンピックのアスリートがするような驚異的な運動に至るまで、私たちのすべての運動は筋肉によってなされ、そして筋肉は脳神経システムによって制御《せいぎょ》されています。

ですから脳神経システムに効果的に働きかけることによって、筋肉の働きを変えることもできるし、そして筋肉をゆるめることもできるのです。

この神経系のことに関しては、やはりロルフィングの施術者である藤本靖《ふじもとやすし》氏（東京大学大学院教育学研究科・当時）の論文『ロルフィング概説』に詳しく、また氏は現在でもその研究を続けているので、詳細を知りたい方はそちらを参照いただくことにして（巻末参考文献参照）、ここでは実際に自分の体を使って、案外簡単に筋肉がゆるまるんだな、ということを体験しましょう。

そのときに使うテクニックは「脳をだます」、「脳に意識させる」、「ゆっくりした動きで命令を出す」、「触れる」、そして「筋膜ネットワークを使う」です。なお以下のテクニックのほとんどは藤本氏から教えていただきました。

最初は、前屈をしてあなたの脳神経システムに働きかけてみます。ここで使うテクニックは「脳をだます」、「脳に意識させる」、「ゆっくりした動きで命令を出す」です。

1　最初にチェック

立ち上がって前屈をします。

最初に、自分がどのくらい前屈できるかをチェックしておきます。

前屈を制限するのは、お尻の奥にある中臀筋《ちゅうでんきん》と、腿の後ろ側のハムストリングと呼ばれる筋肉群です。これらが硬くなると前屈がうまくできなくなります。

では、次に脳神経システムに働きかけながら、これらの筋肉をゆるめてみましょう。

2　壁に手を触れて前屈＝「脳をだます」

145ページの写真のように片方の手を壁に置き、これで前屈をしてみます。どうでしょうか。最初にチェックしたときに比べて深く曲がりましたか。

筋肉の中には、筋紡錘《きんぼうすい》という、筋肉をコントロールするセンサーがあって、これが働いて私たちの筋肉をダメージから守ろうとします。

たとえば電車に乗って、眠くなってうつらうつらしていると、首ががくっとして「はっ」と目を覚ますことがあるでしょう。これはうつらうつらして首の筋肉が伸び切ってしまおうとするときに、それが必要以上に伸びすぎないように、筋肉の中にあるセンサー、筋紡錘がストップをかけるのです。

筋肉が必要以上に伸びないようにするセンサー、これももちろんとても大切なのですが、前屈しようとするときにはむしろ邪魔になります。壁に手を触れることによって、「自分はこんな姿勢を取っているんだよ」というもうひとつの情報を脳に教えてあげます。すると脳は安心して筋肉の緊張をゆるめるのです。

3　奥歯でティッシュを噛んで前屈＝「脳に意識させる」

ティッシュを奥歯で噛み、そのまま前屈をします。今度はどうですか。最初にチェックしたときと比べてどちらが深く曲がったでしょうか。

これは説明がなかなか難しいのですが、次のような仮説が考えられています。

体の中には常に緊張している場所がいくつかあります。そのひとつがアゴの関節です。そして前屈を制限する中臀筋やハムストリングも緊張しやすい場所です。しかもアゴの関節は緊張していても、そのことに気づきにくく、さらにその緊張は全身に影響を与えます。

ティッシュを奥歯で噛むと、アゴの緊張にはじめて脳は気づきます。すると脳はそ

脳神経システムから筋肉をゆるませる

1 最初にチェック

立ち上がって、前屈をします。自分がどのくらい前屈できるかチェックしておきましょう

2 壁に手を触れて前屈「脳をだます」

壁に手を触れることで「こんな姿勢を取っているんだよ」と脳に教えてあげます。すると脳は安心して筋肉の緊張をゆるめます

3 奥歯でティッシュを噛んで前屈「脳に意識させる」

アゴの関節は緊張しやすい場所。奥歯でティッシュを噛んでアゴの関節の緊張を脳に知らせると、体は筋肉の緊張をゆるめようとする信号を出します

4 前屈しながら人差し指をゆっくり動かす「“ゆるんでいい”という命令を出す」

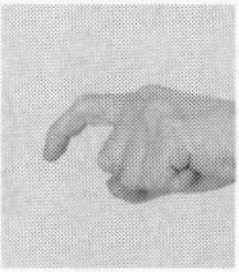

利き手の人差し指をゆっくり動かします。10回ほど動かすとカクッと体が下がるのを感じます。静かなゆっくりした動きに副交感神経が反応して「ゆるんでいい」と命令を出すからだと考えられます

こをゆるめようという信号を出します。その結果、体全体、そして中臀筋やハムストリングもゆるむのです。

ただし、これはあくまでも仮説ですが。

4 前屈しながら人差し指をゆっくり動かす＝「〝ゆるんでいい〟という命令を出す」

前屈を行ない、これで限界かなと思ったら、その状態で利《き》き手の人差し指をゆっくりと動かします。頭はちゃんと下に下ろして、ゆっくりと静かに、そして気楽に指を動かします。一〇回くらいやっていると、カクッと体が下がるのを感じるでしょう。さっき限界だと思った前屈が、もう一段階深くなりました。また一〇回ほど続けていると、もう一段階下がります。

これは「静かなゆっくりした動き」に、リラックスした状態をつくる神経である副交感神経《ふくこうかんしんけい》が反応して、固まろうとする体に対して「ゆるんでいいんだよ」という命令を出すからだと考えられています。

「触れる」動作でゆるむ――開脚

では次に「触れる」テクニックを使って筋肉をゆるめてみます。今度は開脚をしましょう。

無理に伸ばす必要はありません。開脚をしながら、ここで筋肉が張《は》るな、と感じたら、そこで一旦やめて、自分の足首や、あるいは腕などをじんわり握ってみます。張っている筋肉に触れる必要はありません。ただ、体の一部にじんわりと触れるだけでいいのです。すると、さらに開くようになります。

藤本氏は「過剰な伸張反射《しんちょうはんしゃ》を抑制するには、神経系全体をゆるめるという方法が効果的だ」ともいっています。そしてその方法は、「圧《あつ》刺激」が有効だといいます。この「圧刺激」が「触れる」テクニックなのです。

「筋膜ネットワーク」でゆるむ——ゴルフボールを転がす

最後に筋膜ネットワークを使ったエクササイズを紹介しましょう。固めのテニスボールかゴルフボールを用意してください。そして、それを足の裏でごろごろと転がします。足裏全体をゆるめるようなつもりで、ちょっと時間をかけて転がしてください。ボールを転がすと足裏が痛いという人は、テレビでも見ながら、痛さがなくなるくらいまでゆっくりと時間をかけて行ないます。

両足が終わったら前屈をします。

いかがですか。特にボールを転がしたときに足裏が痛かった人ほど効果が出ているでしょう。

中臀筋やハムストリングを直接ゆるめずに足の裏をゆるめることによって、中臀筋とハムストリングもゆるんで前屈がしやすくなる、これは筋膜ネットワークのなせる技なのです。

筋膜ネットワークの「筋膜」とは、筋繊維を包む膜です。筋肉、筋肉といいますが、じつは筋肉は筋繊維が束《たば》ねられたものです。その束ねた筋繊維を包むのが筋膜です。そして、筋膜によって包まれた筋繊維の束、すなわち筋肉は、またいくつかが束ねられて、さらに大きな筋膜によって包まれます。そして、それがまた束ねられ、という具合に重なって、私たちの体は最終的に大きな筋膜のボディストッキングをすっぽりとかぶったような形になっているのです。

電車の隣に座った人にコートの端をお尻に敷かれただけでも、体全体が引っ張られるように感じます。筋膜ボディストッキングはコート以上に体にフィットしていますから、どこか一カ所が引きつっただけでも、体全体に影響を与えます。

大小の筋膜同士は、ネットワークのように体全体をつなげているのです。

ですから、足裏という一カ所をゆるめただけで、中臀筋とハムストリングをゆるめることができるのです。

能の動きが脳に効く

前に行なったいくつかのエクササイズで、実際にその筋肉をもんだり、ほぐしたりしなくても、脳神経システムに働きかけるだけで、体はかなり変化をするということがわかっていただけたと思います。

静かなゆっくりした動きが、交感神経の働きを抑制して、過剰に緊張した筋肉をゆるめます。

この「静かなゆっくりした動き」というのは、まさに能の動きです。

一度でも能楽堂を訪れたことのある人ならば、能舞台の上で繰《く》り広げられる永遠に続くとも思えるような静謐《せいひつ》な時間の流れを覚えているはずです。忙しい現代の生活から、急に悠久《ゆうきゆう》たる能の時空間の中に放り出されると、最初は戸惑い、あるいは眠りに逃げたり、あるいは怒りを感じたりする人すらいます。

しかし、それにすら逆らわず、ただその時空間の中に身を任せていると、しだいに体中の力が抜け、そして心までもが癒《いや》されていくのを感じるでしょう。

それはまさに能のゆっくりした静かなリズムが、脳神経システムに働きかけることによって起こるのです。能の舞台で刻まれているゆったりとしたリズムや、能楽師の深くて静かな呼吸と、あなた自身の脳神経システムが交感することによって、能を観るだけで心身ともに癒されていくのです。

そして、それをさらに味わうには、あの能の動きをするのが一番なのですが、これについては4章で扱います。

また、前述のように体の一部に触れることによっても、体内に眠っている力を引き出すことができます。脳神経システムに働きかけているわけですから、体の力というよりは脳の力、脳力です。

ところがこれは多くの人が無意識に行なっています。スーパーマーケットなどで買い物をする人を観察してみてください。ほとんどの人がアゴや頬《ほお》に手を当てていま す。これを外《はず》すと、自分が何を買うべきか迷い出すという実験もあります。

ロダンの考える人も夏目漱石《なつめそうせき》も、皆ものを考えるときには体のどこかに手を置いています。脳を使うときには、体の一部に触れるといい、そういうことを無意識でわかって、行なっているのです。

それをもっと意識的に行なうことによって、より深奥《しんおう》の力を引き出そうというのが、祈りの姿です。仏教の合掌《がつしよう》でも、キリスト教の祈りの姿勢でも、手と手を組み合わせます。手というもうひとつの脳同士を組み合わせることによって、より深い力を引き出そうとしているのではないでしょうか。

能の「カマエ」の手の部分を見てみましょう。親指と人差し指が意識的に触れ合わされています。これによって、やはり祈りのときと同じような働きをすることが考えられます。さらにこれに扇《おうぎ》をもつことによって、小指と薬指が活性化されます。

小指と薬指は、運動のときには大切な指です。剣道でも小指と薬指で竹刀《しない》を軽く握るようにいわれますし、元サッカー選手のマラドーナも現役時代、キックをするときに手の小指と親指とをピンと張りました。手の指を意識することによって大きな力を生み出すことができるのです。

能のカマエは親指と人差し指を意識的に触れ合わせることによって、体の柔軟性を

能の「カマエ」では、親指と人差し指を触れ合わせる

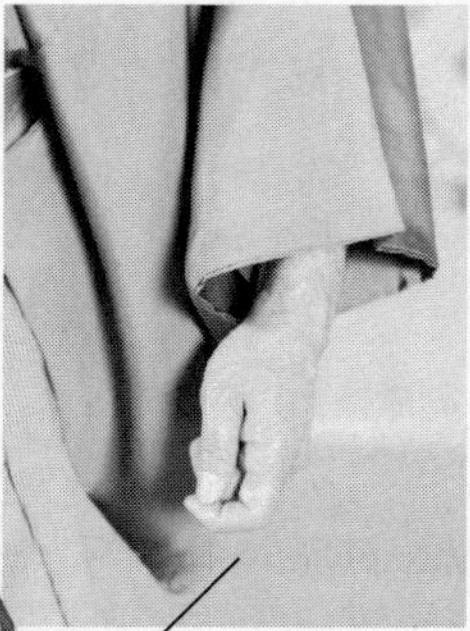

能の「カマエ」の手の部分を見てみましょう。親指と人差し指が意識的に触れ合わされています。こうすることで、体の柔軟性や深奥の能力と脳力、そして運動能力をも引き出しているのです

引き出しつつ深奥の能力や脳力を引き出し、そして扇をもつことによって小指と薬指とを活性化し、無意識のうちにその運動能力を引き出しているのです。

4章 疲れない体を能の動きから習得する

「腹」を活性化させる身体作法

背筋を伸ばす

昔の日本人に腰痛が少なかった理由

本章では、今までのことを元にして、能を中心とする和の身体作法を使って疲れない体を手に入れるためのエクササイズを紹介します。
最初に「腹」から扱い、次に腹と背をつなぐ「大腰筋《だいようきん》」を、そして最後に「背」のエリアからアプローチをします。

昔の日本人は、腰痛が少なかったといわれています。
それにはさまざまな理由があるでしょうが、そのひとつが帯の効用です。帯を締《し》めるだけで、自然に背筋が伸び、腰に対する負担を和《やわ》らげることができるのです。
帯にはなぜそんな力があるのでしょうか。それは骨盤《こつばん》の構造に由来します。
私たちの股関節《こかんせつ》は159ページの上段左のイラストのように、二重のアーチ構造になっています。

アーチ構造は、アーチ橋をはじめ、世界中の建築遺産に古来たくさん使われている、建築の基礎となる構造です。とってもシンプルな構造なのですが、しかしその驚くべき強度によって、何世紀もの間、壊れず残っていて、現在でもギリシャ、中国、そして日本など、世界中の古代都市でその遺跡を見出すことができます。

また、神様のいる天を目指すという垂直指向の建築様式であるゴシック建築は、その壁面のほとんどがステンドグラスによって覆《おお》われています。とても美しいけれども、とてももろいという構造です。もろいけれども、それでもやはりできるだけ神の座に近いところを目指したい、できるだけ高い建物を作りたい、そんな希望と葛藤《かっとう》を抱えた建築様式です。

じつはこれは人体の構造にとても似ているのです。人間の体の構造も昆虫などに比べればとてももろい。ちょっと高いところから落下しただけですぐに壊れてしまいます。けれども直立したい、まさにゴシック建築のような希望と葛藤を抱えています。ステンドグラスをあんなにたくさん使った聖堂を建てるのに、ゴシック以前の工法で作れば、すぐに崩《くず》れてしまいます。それを可能にさせたのは飛び梁《はり》という構造ですが、これもアーチ型の構造がその基本にあります。

アーチ橋の真ん中にある石はキー・ストーン（要石《かなめいし》）と呼ばれます。ふつうに考えると、ここに一番重さがかかって、すぐぐらぐらと崩れてきそうなのですが、アーチ構造はそこにかかる負担を下に逃がすような構造になっているのです。これは見方を変えれば、ほかの石が、このキー・ストーンを持ち上げるような物理的構造になっているということです。

ですから、その外見では考えられないくらいにアーチ橋はとても頑丈《がんじょう》なのです。

そして、私たちの骨盤も、このアーチ橋と同じ構造になっています。骨盤におけるキー・ストーンは仙骨《せんこつ》とその上にある背骨です。そして背骨はそのまま頭部につながっています。仙骨、背骨、頭部というラインはまさに「身《み》」の基礎

アーチ構造と股関節

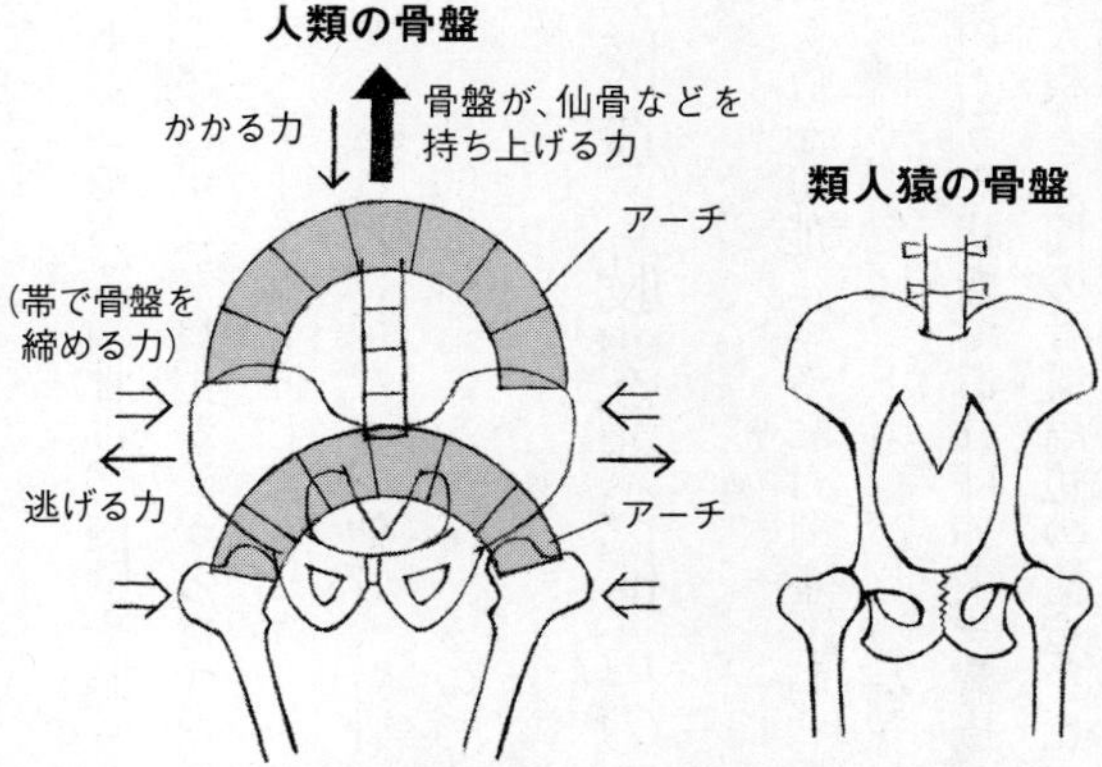

類人猿の大腿骨は、まっすぐ下に伸びています。他方、人間の大腿骨は内側に傾いているので、股関節でアーチ構造の基礎が作られています
『Dynamic Alignment Through Imagery』(Eric Franklin)と『人体に隠された進化史』(「ニュートン」2005、11)所収の図をもとに作画

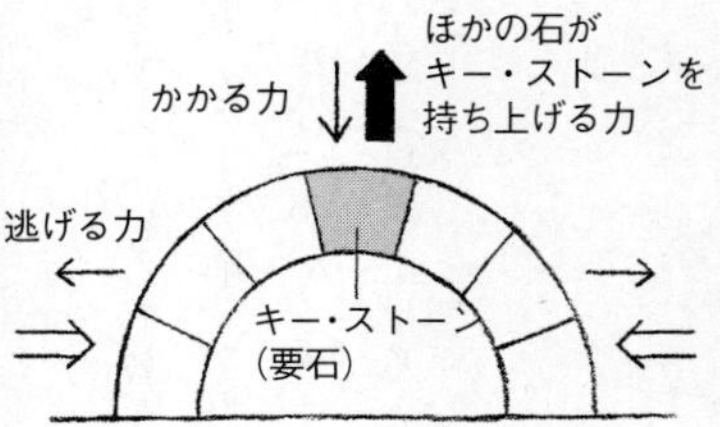

アーチの原理

アーチ橋の真ん中にある石は、キー・ストーンと呼ばれます。アーチ構造はキー・ストーンにかかる負担を下に逃がす頑丈な構造になっているのです

となる構造なのです。

キー・ストーンである仙骨は、内臓や脳も含める上半身すべてを支えているわけですから、そこにはかなり負担がかかるはずなのです。ところが骨盤がアーチ構造をもっているので、アーチ橋と同じようにキー・ストーンである仙骨、背骨にかかる重さを脚に逃がし、それだけでなく、仙骨、背骨、そして頭部を骨盤全体が持ち上げるという、とても合理的な構造になっているのです。

アーチ構造と股関節の構造の共通点

ただし、それを可能にするには骨盤、特に股関節がちゃんと働いている必要があります。アーチ橋でいえば、下の石がしっかりしている必要があるのです。

では、どのような状態であればアーチ構造がしっかりと作用するのでしょうか。ここでまた類人猿と人間の骨盤周辺の構造を比べてみましょう。この両者を比べてみると、人間の特徴は、大腿骨《だいたいこつ》が内側に傾いているということだとわかります。この構造によって、股関節でしっかりとしたアーチを作るための基礎が作られているのです。

アーチ構造で重要なのは、土台の部分がしっかりしているということです。しっかりと内側へ力が働くことによってキー・ストーンは上に持ち上げられるのです。骨盤でいえば股関節の構造がしっかりとしていれば、キー・ストーンの部分、すなわち仙骨と背骨が上にすっと持ち上げられるような構造になります。ところが私たちの股関節は、X脚やO脚、あるいは蟹股《がにまた》などの理由で歪《ゆが》んでいることが多く、アーチ構造の利点を十分に引き出すことができません。

でも、ちょっとくらい歪んでいても、帯で骨盤を締めることによってアーチ構造を作り上げることができ、それによって自然に、すっとした姿勢になるのです。

■エクササイズ① 帯を使って姿勢を正す

このエクササイズでは、男帯《おとこおび》をもっている人はそれを使います。角帯《かくおび》でも兵児帯《へこおび》でもかまいません。もっていない人は、幅広のゴムバンドや紐《ひも》を使ってもいいでしよう。

まずは普通に立ってみます。そのとき、骨盤のキー・ストーンを内視するようにイメージしてみてください。そして、腰を中心に体全体の感覚を覚えておいてください。その体全体の感覚に注意しながら、いろいろな動きをしてみます。

次に帯かゴムバンド、あるいは紐を、腰骨の位置に、ちょっと強めに巻きます。あまり強く締める必要はありません。要は「ここを意識する」ということが大切です。脳神経システムに働きかければいいのです。3章の「触れる」のテクニック（147ページ参照）です。

帯かゴムバンド、あるいは紐を締めたらさっきと同じように立って、キー・ストーンの感覚を感じてみましょう。腰の周辺の感覚はどうでしょうか。キー・ストーンが持ち上げられている感覚がありますか。背骨がすっと伸びた感覚、姿勢がしゃきっとした感覚、そういう感覚を得ることができたと思います。

帯は締めるだけで、姿勢がよくなる魔法のツールなのです。

そうしたら、またさきほどのように自由に動いてみましょう。キー・ストーンが持ち上げられると、動きが自由になり軽さが出てくるのを感じるでしょう。

袴《はかま》を穿《は》いて腰を立てる

「腰が立たない」という言葉があります。いわゆる「腰砕《くだ》け」です。

腰の骨、すなわち仙骨付近の力が抜けて、ぐんにゃりとした姿勢になったような状態をいいます。「腰砕け」には物事を途中で投げ出してしまうというような意味もありますから、腰が立っていない人は根気もないということになります。

では腰を立てるにはどうしたらいいか。それは仙骨と腰椎《ようつい》を立てるのですが、これは袴を穿くことによって簡単に解決できます。

袴には後ろの部分に腰板《こしいた》（あるいは後ろ板）があります。この腰板が仙骨回りをしゃんとしてくれて、仙骨、腰椎を立て、自然にすっきりとした姿勢になるのです。

ただし、女性が卒業式などに穿くような袴は、腰板がないものもあるので、試す前にチェックをしましょう。

「正座」で、よい姿勢と丹田呼吸を手に入れる

座るだけで腹が据《す》わる正座

能の歌である謡《うたい》を謡《うた》うときには、正座が基本です。立って謡うこともありますが、どうもイスに座って謡うというのは居心地が悪く、声を出しづらいものです。イスというのは腹に力が入りにくいのです。それに対して正座は、座っただけで腹が据わるというか、自分の存在が下方に落ち着くような感じがします。

「正座」という言葉は、正しい座法という意味なので、正座こそ日本古来の座法だと思われがちですが、じつは正座が普及したのはかなり後世です。武士の間ですら普及したのは江戸時代で、これが一般の人となると、明治以降にやっと浸透したという、じつはかなり新しい座り方です。

しかし、正座をすると背筋が伸び、また丹田《たんでん》を意識しやすくなるために、近頃で

は西洋でも注目されています。そして何よりも、背と腹を結ぶコア意識を得るための最も基本の作法が正座なのです。

小さい子どもなどは、教えなくても自然に正座をしていることがあります。子どもの自然な正座の姿などを見ると、イスがなく、体の歪みが少なかった古代人は、正座をしていたのかもしれないとよく思います。正座は本来はとても自然な座り方なのです。

正座は日本の座り方ですから、西洋のボディワークの本などには基本的にはあまり登場しません。ボディワークの本などで正しい座り方として紹介されている座り方は167ページ上段の写真のようなものです。しかし、この座り方をして背筋を伸ばしてみると体に無理を感じます。何となく胸やお腹《なか》にキツさを感じます。

多くの人は、「それは自分の姿勢が悪いからかも」と思うので、この座り方自体に問題があるということに気づきません。でもじつはこの座り方自体が不自然な座り方なのです。

体のコアの開始点である頭部は、やはりコアの終点の足の裏と一直線になろうとする傾向があります。ですからイスに座って放《ほう》っておけば、大体、左ページ中段の写真のような前傾姿勢になるか、あるいはだらけた格好になるのが自然です。

イスで正しい姿勢を取ろうとするならば、脚をイスの下に入れて、左ページ下段左の写真のような座り方をしてみましょう。すっと背筋が伸びるのを感じるでしょう。

これはコア全体がその終点である足の裏と一直線になったからです。この姿勢を作り出すためのイスも考案されていて、長時間イスに座る生活をする人たちに使われています。あるいは左ページ下段右の写真のように、座具を入れてお尻を膝より高くすると、両足で支えることができるので、やはりすっと背筋が伸びる座り方になります。

ところが日本人は正座という座法によって、このようなコアが身体の中に通るという座り方を生活の中に取り入れていたのです。

173ページの正座をみてみましょう。頭部と足とが一直線になっているのがわかります。正座は自然に姿勢がよくなるような座法だったのです。ですから、正座をすると、自然に背筋が伸びます。

正しいイスの座り方

ボディワークで紹介されている正しい座り方

何となく胸やお腹にキツさを感じてしまいます

だらしないイスの座り方

体のコアの始点である頭と終点の足の裏は、一直線になろうとする傾向があるため、放っておくとこのようなだらしない座り方になります

正しい姿勢を取るためのイスの座り方

左のように脚をイスの下に入れる座り方や、右のように骨盤を立たせるための座具をお尻に挟み込む座り方をすれば、正しい姿勢を取ることができます

また、正座の場合は、たとえ姿勢が悪くなっても、イスに座ったときの悪い姿勢とはまったく違います。正座の状態で、イスに座ったときのような悪い姿勢をするのは、むしろ大変なのです。

正座で上虚下実《じょうきょかじつ》の姿勢をつくる

東洋では「上虚下実」の体を理想としてきました。

上虚下実とは、下半身は充実して力が入っていて、上半身はすっと力が抜けている状態です。この反対は、上半身がガチガチに力が入っていて、下半身がふにゃふにゃになっている状態です。これは肉体的にも精神的にも不安定な姿勢ですが、近頃の子どもたちに、このような姿勢の子どもが多いのは心配です。

さて、その東洋の理想の姿勢である上虚下実を作り出すのも正座です。

正座をすると、上半身の重さによって下半身には自然に力が入ります。これは重力を使った力で、2章で述べたように「力む」力《りき》ではなく、自然に力が入った「ちから」ですから、魂も入り、意識も下半身に入ります。

そして、このように腹に自分の意識をもっていくと、上半身の力が抜けます。いつもは緊張している肩や首、そして頭がすっきりしてくるのを感じるでしょう。

これこそが上虚下実の姿なのです。

リラックスと活性化を司《つかさど》る骨盤底《こつばんてい》

正座によって下実の体ができると、自然に丹田が意識されます。丹田の位置は1章で述べたように仙骨の二番目の前あたりといわれています。ちょうど骨盤の位置にあたります。

正座をして、丹田を意識する真人呼吸《しんじんこきゅう》（後述）をすると、骨盤底がリラックスして活性化されるのです。

骨盤底は、身体的にはもちろんですが、精神的にも重要な部位です。どういうことか、説明しましょう。

体の中には何か問題が生じたときに、静かにしていれば自然に癒《なお》ろうとする力や機能があります。この機能をホメオスティシス（恒常性）といい、本来はすべての人にちゃんと備わっているのです。ところが私たちは問題が生じると必要以上にじたばたしてしまうために、この機能を十分に使うことができません。

この機能を十分に使うには「じたばたしないこと」、つまり「無為《むい》」が大切なのです。そしてこの無為こそ、ロルフィングでいう「明け渡し（surrender）」で、これを司る部位こそが骨盤底なのです。

しかし、無為といっても、ただ、だれてしまうこととは違います。適正なゆるみと適正なハリ、それが正しい無為であり、まさに「無為を為す」です。リラックスと活性化のいいバランスです。そして、それを司るのが骨盤底なのです。

また骨盤を形成する仙骨周辺には、副交感神経《ふくこうかんしんけい》も交感神経も存在し、リラクゼーションや活性化の要がここにあるのです。

骨盤底が適正な状態になり、そこを意識できると、横隔膜《おうかくまく》と対応して、さらに深い呼吸、「骨盤底呼吸」を生み出すことができるようになります。ふつうの生活では

骨盤底と横隔膜

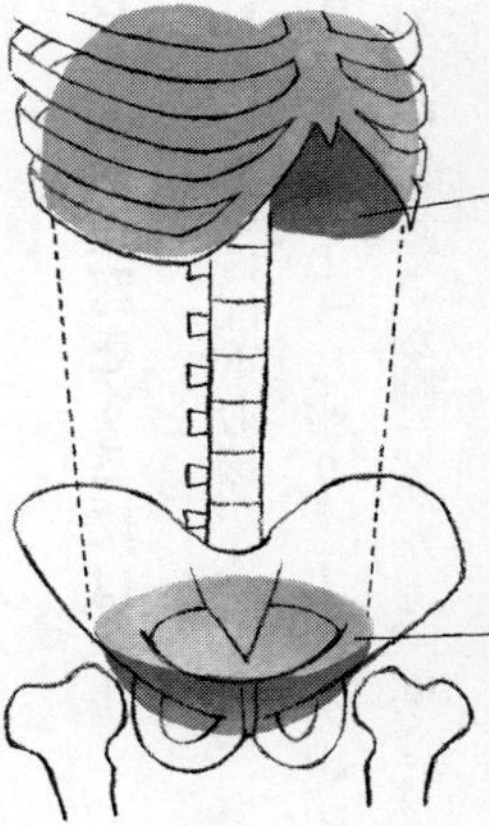

リラックスと適正なハリを司るのが骨盤底です。骨盤底を床、横隔膜を天井に見立てるとまるで聖堂のようなドーム構造になっているのがわかります

ほとんど必要とされない呼吸なので、あまり知られていませんが、運動や音楽などをする人には大切な呼吸法です。これに関しては「全身呼吸」の項でエクササイズをしましょう。

■エクササイズ② 正しく楽な正座をするには

正座を正しく、しかも楽にするには重力線が体のコア、すなわち頭頂から背骨の前側を通ってまっすぐに床に落ちるように座ります。この線がしっかりと体の中心、コアを通っていないと、不必要な重さが脚にかかり、楽なはずの正座が負担になります。

坐禅の方法を書いた道元《どうげん》の『普勧坐禅儀《ふかんざぜんぎ》』にも「耳と肩と対し、鼻と臍《へそ》と対し」とあります。正しい座り方をすると、まさにこのような姿になります。

正しく、楽な正座をするためのエクササイズを紹介しましょう。

1 正座をした状態で、耳と頭頂を結ぶ線をイメージする

エクササイズ②

正しく楽な正座

1 正座をした状態で、耳と頭頂を結ぶ線をイメージする
2 頭が首の上に乗るように頭の位置を調節する
3 頭頂からコアの線が体を貫いているのをイメージする

2 頭が首の上に乗るように頭の位置を調節する

3 頭頂からコアの線が体を貫《つらぬ》いているのをイメージする

しびれに強い味方、正座イス

正座は体にいいのはわかるけれども、やっぱりしびれる、しびれないいい方法はないだろうか、よくそういう相談を受けます。

残念ながら、今の私はまだそれに対していい答えをもっておりません。というのは、私もよくしびれるからです。

それを何とかしようと、自分で試すことはもちろん、いろいろな人から話を聞いたり、本を読んでみたりもしましたが、まだ、これこそは、というものに出会っていません。これこそは絶対すべての人に効《き》く、という方法を実証済みで、ご存知という方はぜひご教授ください。

私が知るかぎり、最も楽な方法は、市販されている正座イスを使うことです。お尻が直接踵《かかと》に乗りませんし、ふくらはぎの圧迫も少なくてすみますので、だいぶ楽に座れます。ただし、これでもしびれますので、この正座イスを使いながら、徐々に正座に慣れていく、そういう方法を試してみるのはいかがでしょうか。

また、正座の一番の欠点は膝の関節に負担がかかることです。膝に何らかの障害がある人は、正座をして大丈夫かどうかを、かかりつけのお医者さんに相談してください。

美しく「立つ」

「立」という漢字が表わすこと

「立」（甲骨文字では）という漢字は、大地にしっかりと足をつけ、そして天の下

に人が両手を広げて立っている姿を表わします。果てしなく続く無窮《むきゅう》の大空のもと、大地を踏みしめながら立つ、そんな気持ちよさが伝わってくる漢字です。

「立つ」というのはまさに「大地」と「天」の両方をしっかり意識した姿なのです。

そして能の立ち方はまさにそれであり、またロルフィングではその立ち方を「スカイフック」と名づけています。

それはいわゆる「背筋を伸ばす」という立ち方ではなく、また当然猫背でもなく、身体の中を一本、芯がすっと通っている立ち方なのです。

正座によって丹田の感覚とコア意識がもてたら、それを立位、つまり「立つ」状態でももてるようにしましょう。

「たをやかさ」と「体心捨力《たいしんしゃりき》」

美しく立っている人は、それだけで人目を引きます。

どんなに多くの人の中にいても、目を引く人がいます。

美しく、しかも楽な立ち方をする。そのコツを世阿弥が述べたふたつのキーワードから考えてみましょう。ひとつは「たをやかさ（しなやかさ）」、そしてもうひとつは「体心捨力」です。

「たをやかさ（しなやかさ）」は、ただ「たおやか」なだけではありません。「腰、膝は直に、身は、たをやかなるべし」といいます。

すなわち腰と膝はまっすぐに、そして体全体はたおやか（しなやか）にするのです。やわらかさに裏打ちされた、すっとした美しさ、それが姿勢の美なのです。

とはいっても「たをやかさ」をどう作り出したらいいか、そのひとつは前章に書いた脳神経システムを使うエクササイズをしていただくといいのですが、もうひとつの方法が「体心捨力」というキーワードにあります。

「体心捨力」の「心」は「芯」すなわち「コア」です。「体心」とは「芯を自分の体《たい》とすること」、すなわちコアの深層筋《しんそうきん》を使って体幹《たいかん》を充実させることです。

この体幹の充実とまっすぐな身体があれば、その中を重力がうまく通り、最も楽な体ができあがるといったのはロルフィングを創始したアイダ・ロルフです。「体心」

が確立されれば「捨力」、つまり体の無駄な力を抜くことは自然に生み出され、「たをやかさ」も実現できるのです。

「たをやかな（しなやかな）」立ち方をするためには、体の中にある無駄な緊張に気づいて、あとは天の力である重力に任せる、それだけです。そうすれば、自然に楽な立ち方ができるようになります。

そこでロルフィングでは、天に任せて楽に立つ方法、「スカイフック」という立ち方を提唱しています。頭の上にフックがあって、それが空から吊《つ》り下げられている、そんなイメージです。

このスカイフックの感覚を身につけると、立ち姿が美しくなるだけでなく、体も楽になり、動きも滑《なめ》らかになります。

正座によってもてた、丹田の感覚とコア意識を立位状態でももてるようになります。

■エクササイズ③ 「スカイフック」感覚で楽に立つ

1 立つ

足を軽く開いて立ちます。このときに膝の裏をゆるめることを意識します。下半身は丹田を意識します。

2 水平線をイメージする

181ページの写真のように身体の各パーツを横切る水平線をイメージします。

3 垂直線をイメージする

写真のように身体を貫く垂直線を一本イメージします。

真人呼吸で行なう体の線をイメージします。肛門から仙骨の前を通り、背骨の前側、喉、耳の前、頭のてっぺんを抜ける垂直線です。下は仙骨の前から内股《うちまた》を通り、土踏《つちふ》まずの内側を通る垂直線が自分の身体を貫通しているのをイメージします。

4　スカイフックをイメージする

垂直線の上にフックをつけ、それが天から吊られているのをイメージします。

5　水平線で休む

スカイフックのイメージをもったまま、左ページの写真のような水平線のイメージのラインで、ブロックごとに下から休んでいきます。

まず地面から足首までの水平線ライン。このブロックが重力に引っ張られて、地面の上にゆったりと休んでいます。

次に足首から膝までのブロック。このブロックは足首までのブロックに支えられて、足首までのブロックの上でやはり重力の力でゆったりと休んでいます。

次に骨盤までのブロック、横隔膜までのブロックと、まるで積み木が重なるようにすべてのブロックが下のブロックの上に休んで、重力によって地面に引っ張られています。

エクササイズ③

「スカイフック」感覚で楽に立つ

1 足を軽く開いて立ちます。このとき、膝の裏はゆるめ、下半身は丹田を意識します
2 写真のように身体を横切る水平線をイメージします
3 真人呼吸で行なう、体の線をイメージします。肛門から仙骨の前を通り、背骨の前側、喉、耳の前、頭のてっぺんを抜ける垂直線と、下は仙骨の前から内股を通り、土踏まずの内側を通る垂直線をイメージします
4 垂直線の上にフックをつけ、それが天から吊られているのをイメージします
5 スカイフックのイメージをもったまま、2でイメージした水平線のイメージのブロックごとに休んで、重力によって地面に引っ張られるのをイメージします
6 再びスカイフックを意識します

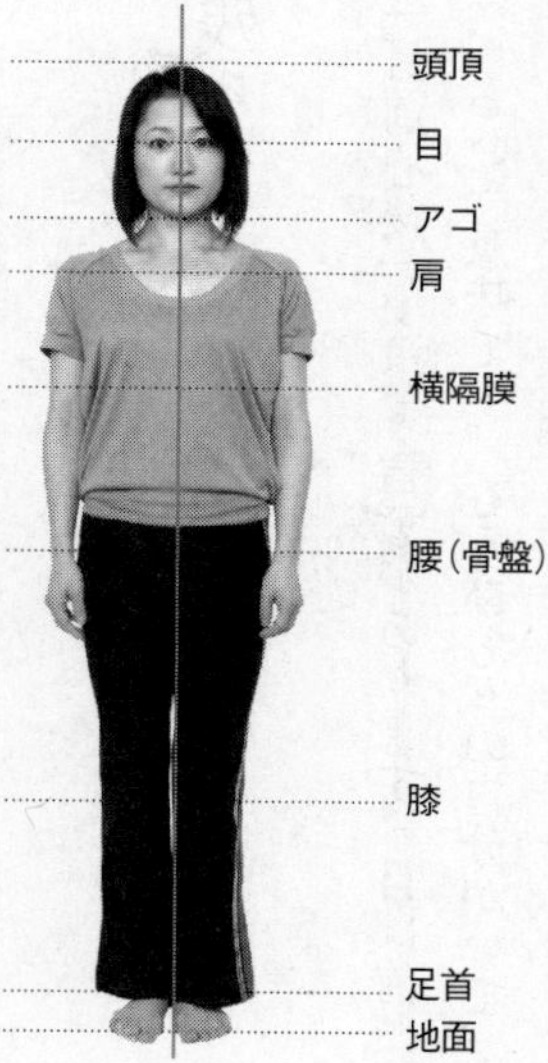

6 再びスカイフックを意識する

この状態で、頭上のフックが天から吊られているスカイフックを再び意識します。スカイフックがイメージできると、上は天から吊られて、下は地面に支えられているのを感じ、天地の間でゆったりと休むことができます。そして、その空間の中であなたは自由にしなやかに動くことができます。まさに荘子《そうじ》のいう「天鈞《てんきん》に休《いこ》ふ」状態です。

人に印象が残る首の傾け方

やはり世阿弥に「目前心後《もくぜんしんご》」という言葉があります。目は前についているが、心は自分の後ろに置け、という意味です。もうひとりの自分がいて、後ろから自分を見ている感覚です。

どこにいても目立つ人がいます。逆にみんなといっしょにいても、誰にも気づかれない人がいます。その人がいると明るくなる人、逆に何となくいつも暗く感じてしまう人。印象に残る人と残らない人、その印象の違いをつくる最も大切なポイントが首の傾き加減なのです。

能面は木でできていますから、そのままでは感情の表現ができません。しかし、ほんのちょっと傾けるだけで悲しい表情を表現することができます。西洋の仮面ではとてもこうはいきません。

それは、能面がほんの少しの光の加減によってもその表情が変わるように、とても繊細に作られているからなのです。日本人の顔も能面と同じように繊細です。ですから、ほんの少しの首の傾き加減で、その人の印象が大きく変わってしまうのです。

そこで、人に印象が残る、そして明るい感じを与えるための首の位置を保つためにバック・ヘッド（後頭部）感覚をもつ練習をしましょう。

バック・ヘッド感覚が身につくと、自然に頭部が首の上にすわるようになり、すらっとした印象になります。ふだんうつむき加減な人の場合は、これだけで身長が二センチほど伸びたように見えます。

■エクササイズ④　美しい首の傾きをつくる

1　意識を後頭部にもっていく

正座をします。顔をまっすぐ前に向け、耳から頭頂にかけて線をひくように指でなぞっていき、その線がちょうど首の上に乗るように、首の位置をまっすぐに調整します。

目には部屋の中のさまざまなものが見えるでしょう。ふだんは、目で見ていますが、今は目に入ってくるものを目が「受け入れる」、そんな感じになってください。自分からは見ようとはしません。ただ入ってくる画像を受け入れてください。次に意識を後頭部にもっていきます。目が後頭部についている、そんな感じになります。すると目から受け入れた画像の情報が、その後頭部に映るように感じます。

2　左右に動かす

エクササイズ④

美しい首の傾きをつくる

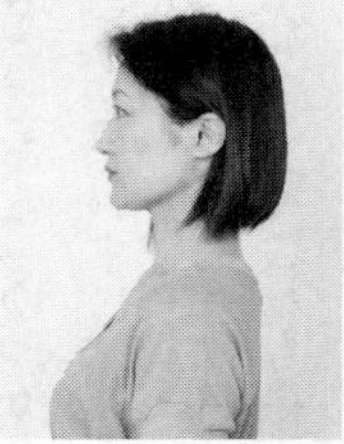

1 意識を後頭部にもっていく

正座をして顔は前を向きます。耳から頭頂をなぞる線が首の上に乗るよう首の位置を調整します。目に入ってくるものを「目が受け入れる」感じになったら後頭部に意識をもっていきます

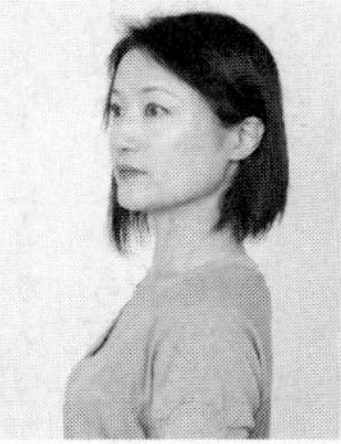

2 左右に動かす

頭の後ろ側をゆっくり右へ移動させます。後ろが右に行くと、前は左に行きます。後ろから正面に戻ります。次に、後ろが左に行きます。戻ります

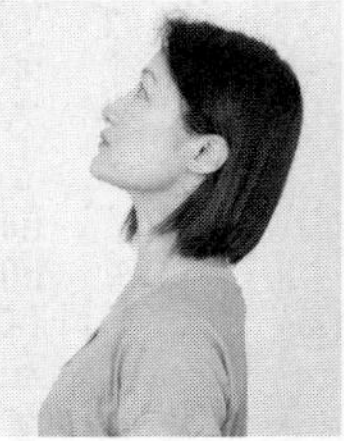

3 上下に動かす

頭蓋の中の脳が後ろに行きます。そうすると顔は上を向きます。戻ります。次に、後頭部が上を向きます。顔は下を向きます。これらを繰り返すと、後頭部の感覚が目覚めて姿勢も自然によくなります

頭の後ろ側をゆっくりと右に移動させます。前章でも使った脳神経システムに働きかけるテクニックである「ゆっくり」ということが大切です。すると前面は左を向きます。左を向こうと思わずに、後ろが右に行くから左を向いてしまう、そんな感じです。このときも目では見ずにただ受け入れます。それも後頭部でです。

では正面に戻ります。これも後ろから戻ります。

今度は後ろが左に行きます。そうすると前は右に行きます。

戻ります。

3　上下に動かす

頭蓋《ずがい》の中の脳が後ろに移動します。すると顔は上を向きます。これも後ろが主導です。では、戻ります。

次は後頭部が上を向きます。顔は下を向きます。戻ります。

これを繰り返すと、後頭部の感覚が目覚めて、姿勢も自然によくなってきます。

大腰筋を活性化させる身体作法

大腰筋を目覚めさせる「すり足」

大腰筋をイメージしよう

深層筋の中で最も重要な筋肉は大腰筋です。

これは「腹」のエリアに属する筋肉ですが、じつは上半身と下半身を結ぶという、とても大切な筋肉なのです。

大腰筋は体の深奥《しんおう》にある筋肉ですから、触《さわ》ることはもちろんできず、イメージも意識もしにくい筋肉です。

しかし、筋肉はしっかりイメージすることによって、より効果的に活性化できるようになります。「意識する」テクニックです。まずは大腰筋をイメージする練習をしてみましょう。

1 大腰筋の上部の付着部に触れる

まずは31ページのイラストで、大腰筋がどのような筋肉なのか、それをしっかりとイメージします。大腰筋は胸椎《きょうつい》の一番下と腰椎についています。実際にそこに触れてみて、「ここから大腰筋が出ているんだ」ということをイメージします。

2 大腰筋の下部の付着部に触れる

大腰筋は内股の付け根、小転子《しょうてんし》についています。ここはなかなか触れにくい場所ですが、だいたいの場所に触れて、「胸椎、腰椎から出ている大腰筋がここまでつながっているんだ」ということをしっかりとイメージします。

大腰筋をイメージしよう

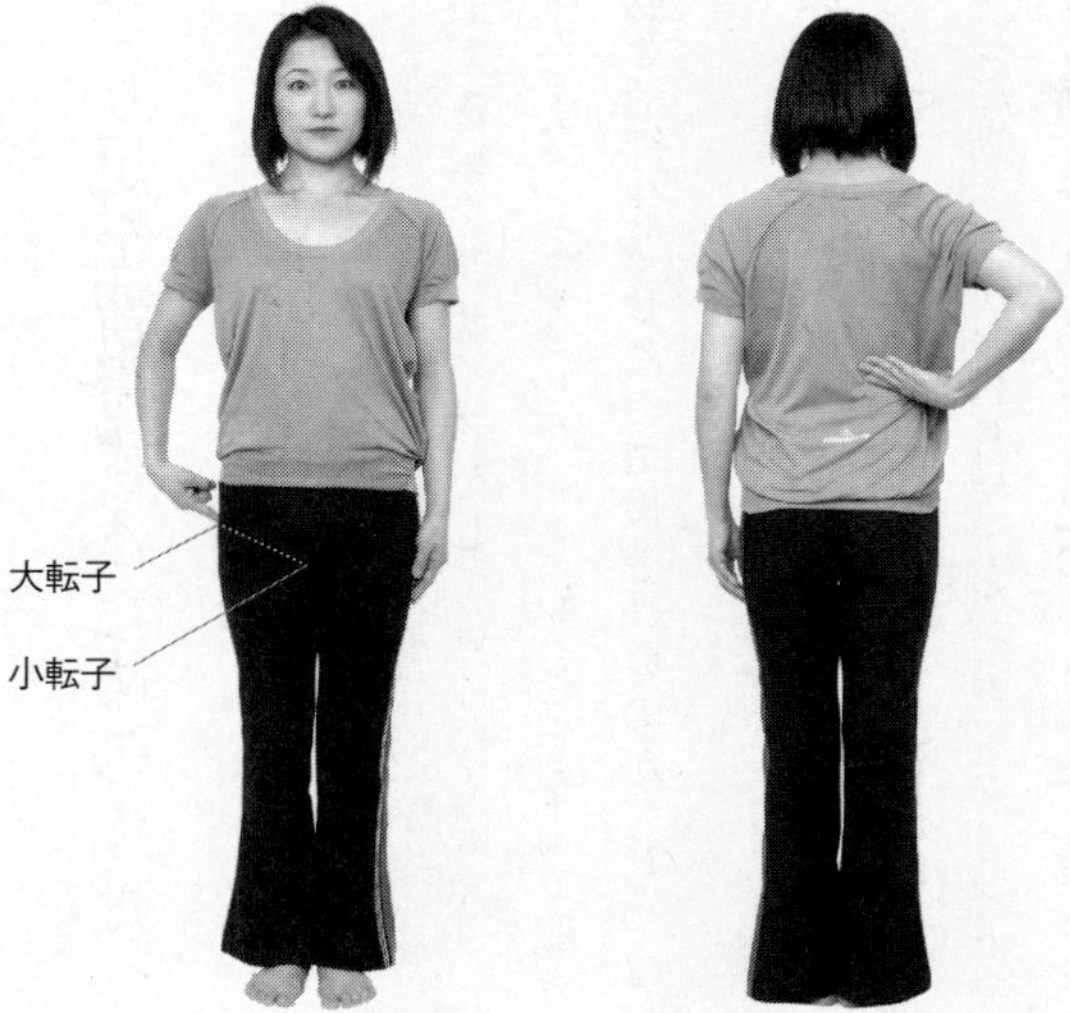

1 大腰筋の出発点に触れてみる

31ページのイラストを見て、大腰筋がどのような筋肉なのかをイメージします。大腰筋は胸椎の一番下と腰椎についています。そこに触れて、大腰筋の出発点をイメージしましょう

2 大腰筋の下部に触れて大腰筋をイメージする

大腰筋は内股の付け根、小転子についています。触れにくい場所ですが、31ページのイラストを参考に、写真の位置の大転子から小転子を探すと見つけやすいでしょう。だいたいの場所に触れ、大腰筋をしっかりとイメージします

正しいすり足を習得するためのふたつのステップ

近年、大腰筋はとても注目されていますが、鍛《きた》えることが最も難しい筋肉でもあります。

大腰筋を鍛えるエクササイズをしているつもりが、じつは腿《もも》の筋肉を鍛えていて、脚だけが太くなってしまった、ということをよく聞きます。

この大腰筋を活性化させるのに最もいいのが、じつは和の身体作法の基本である「すり足」です。

大腰筋は股関節を曲げる働きをする筋肉ですから、すり足で足を一歩出そうとするときに使われます。そして、大腰筋のような深層筋を活性化させるには、小さな動き、ゆっくりした動き、すなわちサトル・ムーブメントで行なうのが効果的です。激しく腿を上げる動きよりも、すり足のときに使われるような、ほんの幽《かす》かな動きが効果的なのです。

近頃は、折にふれて着物を着る人も増えていますし、夏には花火などを見に行くときに浴衣《ゆかた》を着る人も多くなってきています。せっかく着物や浴衣を着たのだから、雪駄《せった》や下駄《げた》を履《は》きたい。でも、どうもうまく歩けない。そういう人が多いようです。鼻緒《はなお》がある雪駄や下駄で、靴を履いたときのような歩き方をしていては、うまく歩けるはずがありません。鼻緒を引っ掛けるようにすり足で歩くのが、和の歩き方の基本です。

鼻緒のある履物を履いて歩いていれば、自然にすり足になり、そして大腰筋も活性化されるのです。

そして、すり足を芸術にまで高めたのが能であり、能のすり足を稽古《けいこ》すれば、大腰筋はさらに活性化されます。とはいっても、正しいすり足はそう簡単に習得できるものではありません。

そこですり足のためのエクササイズとして、ふたつのステップを紹介します。

(1) まず、ボディワークでよく行なう大腰筋エクササイズを行ないます。すり足エクササイズの前に大腰筋を活性化させておきます。

(2) 次に能のすり足のエクササイズをします。

では、さっそく始めましょう。

■エクササイズ⑤　すり足のためのステップ(1)
——大腰筋を活性化させる「足ブラ」エクササイズ

1　台の上に片足を乗せて立つ

大腰筋を活性化させるには、踏み台か、電話帳のような厚いものを用意します。片足で踏み台の上に乗ります。腰の線が地面と平行になるようにします。下半身に無駄な力がかからないように、壁などに片手をつけて体を支えます。

2　股関節で脚をゆっくりと振る

31ページのイラストで股関節の位置を確認して、大転子《だいてんし》を支点にして脚をゆっくりとブラブラ振ります。決してムリに振ろうとか、大きく振ろうとか思わず、小さな動きで自然に動かすようにしてください。

3　大腰筋をイメージしながら振る

股関節で脚が振れるようになったら、大腰筋をイメージして脚を振ります。脚が揺れるとともに、腰椎から小転子に向かってついている大腰筋が長くなり、どんどん活性化されるのをイメージしながら振ります。

もし、補助する人がいれば背中の付着部あたりに掌《てのひら》を置いて、脚の動きに合わせて軽く押してあげるといいでしょう。背中の部分の動きがどんどん大きくなるのが感じられます。

4　脚が腰、背中から出ているのを感じながら振る

大腰筋がイメージできたら、今振っている脚が腰や背中から出ているのを感じなが

エクササイズ⑤

すり足のためのステップ(1)
大腰筋を活性化させる「足ブラ」エクササイズ

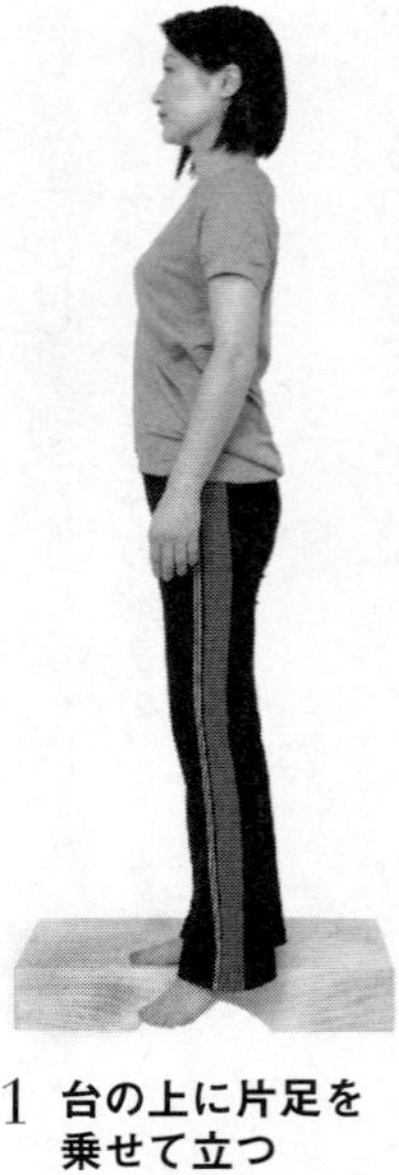

1 台の上に片足を乗せて立つ

腰の位置が地面と水平になるようにします

2 股関節で脚をゆっくり振る

股関節の位置を確認して、大転子を支点にして脚をゆっくりとブラブラ振ります

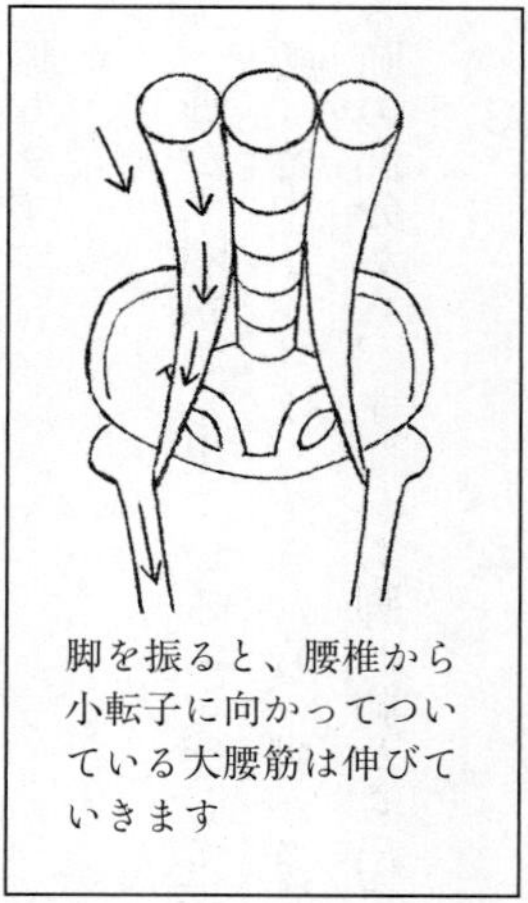

脚を振ると、腰椎から
小転子に向かってつい
ている大腰筋は伸びて
いきます

『Dynamic Alignment Through Imagery』(Eric Franklin)所収の図をもとに作画

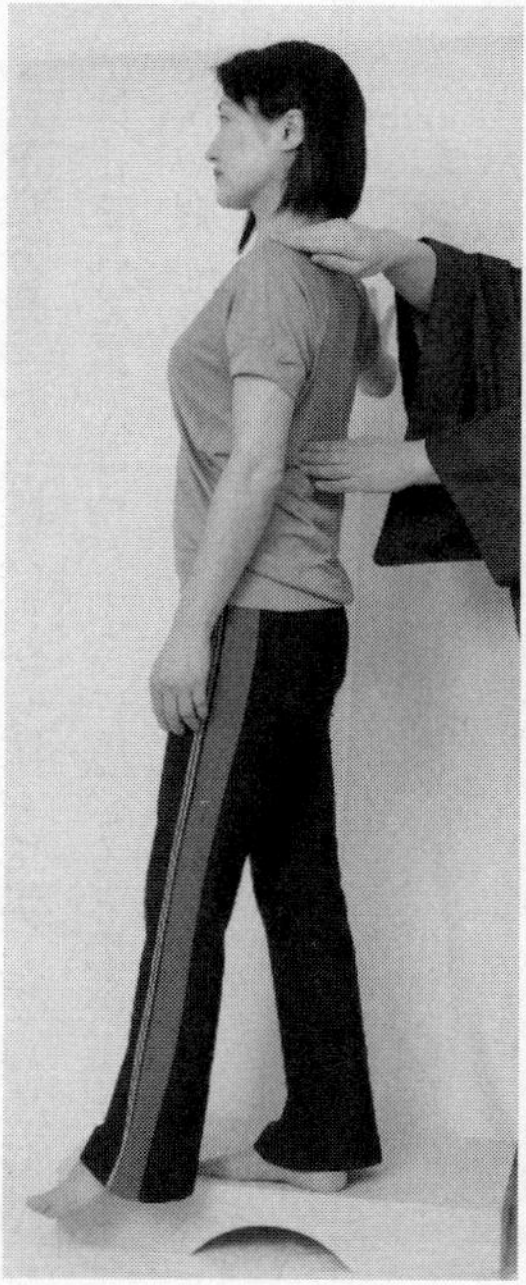

3　大腰筋をイメージしながら振る

大腰筋がどんどん長くなるのをイメージしながら振ります。左のイラストのようなイメージです。補助する人がいれば、背中の付着部あたりに掌を置いて、脚の動きに合わせて軽く押してあげるといいでしょう

4　脚が腰、背中から出ているのを感じながら振る

5　脚が横隔膜から出ているのを感じて振る

6　数分やったら歩いてみる

脚が長くなったように感じられます。反対側の脚も同様に行ないます

ら振ります。

5 脚が横隔膜から出ているのを感じて振る

腰、背中がイメージできたら、脚がさらに上に伸び、横隔膜あるいはそれに連動する肺の部分から、すなわち脚が胸から出ているようにイメージして振ります。

6 数分やったら歩いてみる

これを数分やったら踏み台から降りて歩いてみましょう。ブラブラさせたほうの脚が活性化されて長くなったように感じると思います。また、脚が背中から、あるいは横隔膜や胸から伸びているように感じるかもしれません。

反対側の脚も同様に行ないます。

■エクササイズ⑥　すり足のためのステップ(2)
――能のすり足エクササイズ

それではいよいよすり足に挑戦です。

すり足とひと言でいっても、じつはさまざまなすり足があります。有名なものとしては、能のすり足はもちろんのこと、相撲もすり足ですし、お茶もすり足、神社で神官の方たちがアサグツを履いて神様にご奉仕しているときにもすり足を使っています。

そして、それらのすり足がみな違うのです。

これから紹介するのは主に能で使われるすり足です。深層筋を活性化させるには、その筋肉をしっかりイメージした幽かな動き（サトル・ムーブメント）が大切です。

能のすり足は、大腰筋を活性化させるサトル・ムーブメントがシステムとして組み込まれている、とても優れた歩行法なのです。

ではすり足を練習してみましょう。これも大切なのは「ゆっくり」です。

1　立つ
181ページのスカイフック感覚で立ちます。今度は歩きますから、足首を支点にしてやや前傾します。手は153ページを参考に、親指と人差し指を触れ合わせ、小指と薬指も意識して軽く握ります。

2　支える足（右足）で床を摑《つか》む
支えるほうの足にやや重心をかけます。そして足の指で床をしっかり摑みます。

3　反対の足（左足）を一歩出す
反対側の足の踵《かかと》を床から離さないようにして、床を擦《す》るように、ちょうど一足《いっそく》分、前に出します。このときに意識するのは股関節です。大腰筋を幽かに収縮させて、足を一歩前に出します。

ただし股関節を意識すると、どうしても腿の外側に意識がいってしまいますので、腿の内側を擦るようにして内腿を意識するようにします。3章のテクニックの「触る」と「意識する」です。

また、太腿の筋肉は完全にリラックスしているようにします。

4 出した足（左足）の爪先を上げる

足の形をキープしたまま一足出すと、足の関節である距骨《きょこつ》を支点として出した足（左足）の爪先が上がります。内と外のくるぶしを支点にするイメージをするといいでしょう。

5 出した足（左足）の爪先を下ろす

次は同じく距骨を支点にして、出した足（左足）の爪先を下げます。

6 出した足（左足）で床を掴み、右足を一歩出す

エクササイズ⑥

すり足のためのステップ(2)
能のすり足エクササイズ

立ち、支える足(右足)で床を掴む

反対の足(左足)を一歩出す。爪先が上がる

1 スカイフック感覚で立ちます。足首を支点にしてやや前傾します。手は153ページのカマエを参考にして軽く握ります

2 支える足(右足)にやや重心をかけ、足の指で床をしっかり摑みます

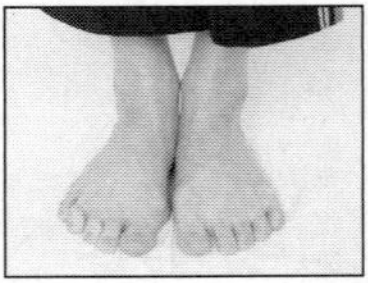

3 反対側の足(左足)で床を擦るように、足を一歩出します。このとき股関節を意識して、大腰筋を幽かに収縮させます

4 爪先が上がります。出した足のくるぶしあたりの距骨を支点にします

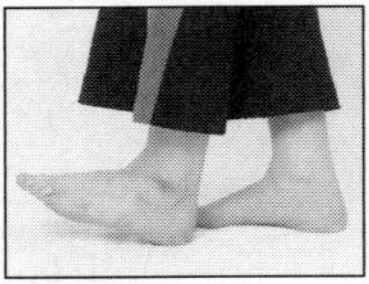

爪先を下げ、その足(左足)で床を掴み、右足を出す

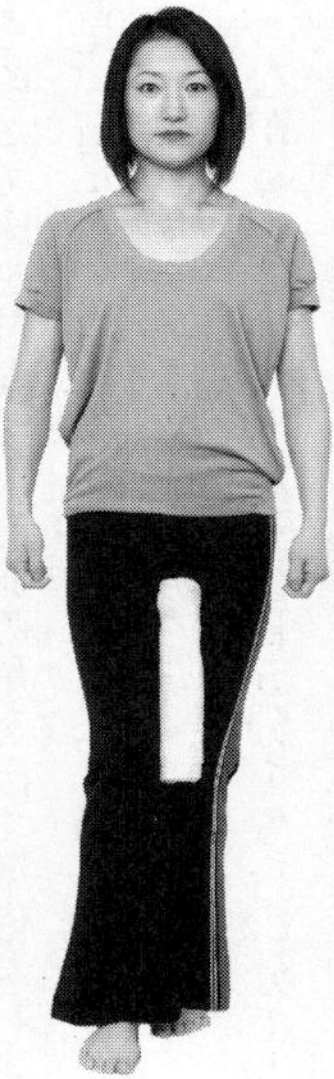

すり足がうまくできないときは、股の間にタオルをはさんで練習します。内転筋が活性化して、すり足ができるようになります

5 出した足(左足)の爪先を下ろします。くるぶしあたりの距骨を支点にします

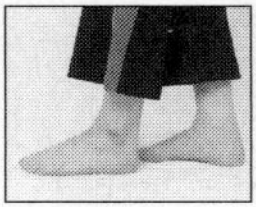

6 出した足(左足)で床を摑み、右足を出します。右の大腰筋を収縮させ出します

爪先を下げたら、その足で床を摑んで反対側の足を出す準備をします。

そして、反対側の足（右足）を一歩出します。左足を出したときと同じように、右の大腰筋を収縮させて右足を一歩前に出します。

大腰筋をイメージしながら、このすり足を一日五分でも一〇分でもゆっくりと行なってください。自然に大腰筋が活性化されます。うまく踏み出せない人は、股の間にタオルをはさんで練習すると、うまくいきます。

※すり足の方法は流派、人によって違います。

コアを活性化させる「全身呼吸」

和の呼吸の基本＝腹式呼吸

和の呼吸法は、腹式《ふく》呼吸が基本です。

呼吸とともにお腹を膨らませたり、へこませたりする腹式呼吸は、深い息の出し入れが可能で、あらゆる呼吸の中で最も効率がよい呼吸法です。

しかし、当然のことですが息はお腹には入りません。息が入るのは肺だけです。肺は鳥かごのような胸郭《きょうかく》（肋骨）によって前後、左右を囲まれています。この胸郭を主に動かすのが胸式呼吸で、肺の下にある横隔膜という筋肉を使うのが腹式呼吸なのです。

胸郭は骨で、横隔膜は筋肉です。筋肉である横隔膜は骨である胸郭に比べれば、より自由に動くことができます。ですから腹式呼吸のほうが胸式呼吸よりも深い呼吸ができるのです。

しかし、じつは胸式呼吸がちゃんとできない人は、腹式呼吸もできません。胸をぎゅうぎゅうにしばって腹式呼吸をしようとしてみてください。うまくできないはずです。腹式呼吸といっても、呼吸をするのは肺です。肺を囲む胸郭が自由であってはじめて腹式呼吸ができるのです。

そこで、まずは胸式呼吸の練習をして、それから腹式呼吸の練習をしましょう。そして最後に真人呼吸にもトライしてみましょう。

三分で深い胸式呼吸を取り戻すふたつの方法

最初に胸式呼吸を練習しますが、この呼吸法は簡単に深い呼吸を取り戻すことができる呼吸法です。

呼吸はうつります。

やけに早口、しぐさがせっかち。そういう人のそばにいると、息苦しくなってしまった、そういう経験はないでしょうか。

呼吸が浅い人といっしょにいると、自分の呼吸も浅くなって息苦しくなってしまうのです。自分の呼吸が浅くなったな、と感じたときに、三分で深い呼吸を取り戻せるエクササイズです。

■エクササイズ⑦　ストロー呼吸

「呼吸」という文字が示す通り、呼吸は「呼気《こき》（吐く）」が優位になります。それは

「呼気」に使う筋肉のほうが使いやすいからです。したがって、「呼気」が十分にできるようになれば「吸気《きゅうき》（吸う）」は自然に深くなります。

そこで「呼気」を大きくするために、ストロー呼吸のエクササイズをしましょう。方法は簡単です。「呼気」のときにストローを使って吐きます。ストローは太いものではなく、細めのもののほうが効果的です。無理して深呼吸を意識する必要はありません。そして吸うときにはストローをはずして鼻から吸いましょう。

これを一日三分続けます。数日行なって慣れてきたら、その後はストローを使わず行ないます。そのときは、吐くときに、ストローがあるようなつもりで唇をすぼめて行ないます。

■エクササイズ⑧　腕回し

肩周辺には呼吸に関連する筋肉がたくさんついています。まず腕の付け根と「肺」がつながっているようなイメージをします。そして肺がマッサージされているようにイメージをしながら、まず腕を内側に回します。ゆっくりと、ちゃんとイメージをしながら回してください。続けて外側にも回します。

一五回ほど片方の腕を回したら、呼吸をしてみてください。そちらの肺のほうにたくさんの空気が入るのを感じるでしょう。そうしたら、反対の腕も回してみてください。必ず内側を先に回します。

正しい腹式呼吸＝横隔膜呼吸

横隔膜は、身体を横切る膜のような広い筋肉で、横隔膜の下には内臓を宿すお腹があります。

お腹は古来、魂の宿るところといわれてきました。お腹をドーム付きの聖堂だと考えてみましょう。そうすると、横隔膜はドームの屋根に当たります。

このドームは弾力性があって膨れたり縮んだりしますが、それに従ってドームの屋根の上にある肺も、小さくなったり大きくなったりして、呼吸が行なわれるのです。

そしてドームの屋根が下がったときに、下にある内臓が圧迫されるので、お腹が膨れ

エクササイズ⑧

腕回し

外回し

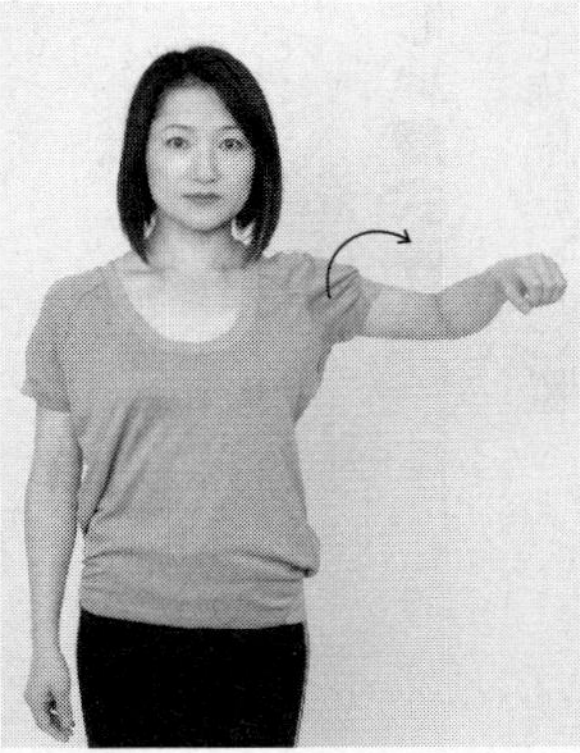

内回し

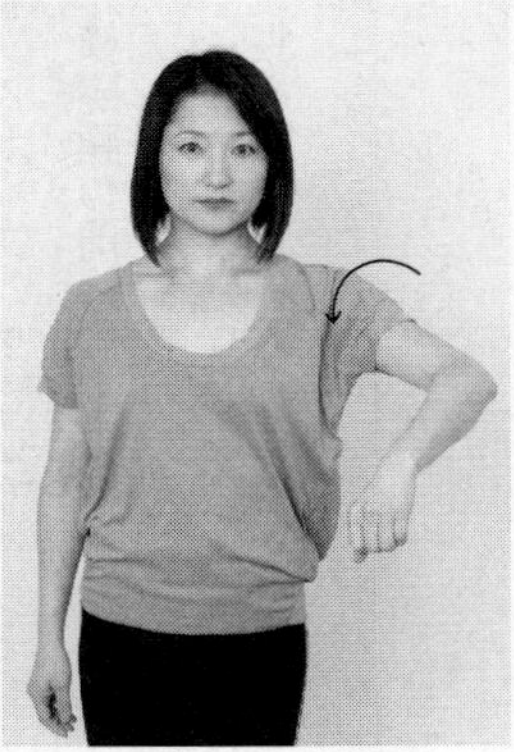

1 肺がマッサージされているようにイメージしながら、まず腕を内側にゆっくりと回します
2 続けて外側にも回します。15回ほど片方の腕を回したら、呼吸をしてみてください
3 そちらの肺のほうにたくさんの空気が入るのを感じるでしょう

この順番で、反対の腕も回します

たり、へこんだりするのです。

ですからお腹は自然に膨らんだり、へこんだりするはずなのですが、「腹式呼吸はお腹を使う」ということだけを知っている人の中には、この動きを間違って行なっている人がかなり多いのです。そこで、正しい腹式呼吸を練習しましょう。

■エクササイズ⑨　正しい腹式呼吸

1　両手の掌《てのひら》を下にして横隔膜の前に置く

181ページを参照して、スカイフック感覚で立ちます。足はやや開きます。そして、両手を掌を下にして、横隔膜の前に置きます。

2　息を吸うとき、お腹を膨らませる

吸うときにお腹を膨らませます。このとき、指先も下にさげて内臓を圧迫するイメージをもちます。

エクササイズ ⑨

正しい腹式呼吸

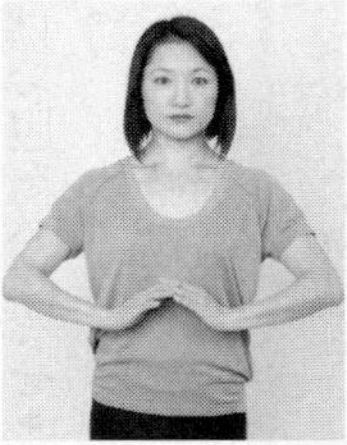

**1 両手の掌を下にして
横隔膜の前に置く**

足はやや開き、スカイフック感覚で立ちます。両手を掌を下にして横隔膜の前に置きます

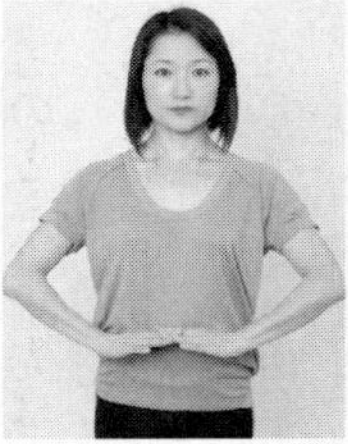

**2 息を吸うとき、
お腹を膨らませる**

息を吸うときにお腹を膨らませます。このとき、指先も下にさげて、内臓を圧迫するイメージをもちます

**3 息を吐くとき、
お腹をへこませる**

息を吐くときにお腹をへこませます。指先は上げて、肺を圧迫するイメージをもちます

3 息を吐くとき、お腹をへこませる
息を吐くときはお腹をへこませます。このとき、指先は上げて肺を圧迫するイメージをもちます。

これを繰り返します。

より大きな呼吸＝大腰筋呼吸

ドームの屋根に当たる横隔膜の背中の部分には、脚のようなものが下に伸びていて、それは大腰筋につながっています。横隔膜を動かすときに大腰筋も動かすことを意識すると、より大きな呼吸をすることができます。

しかし、大腰筋が横隔膜を引っ張るというイメージは、なかなか難しいものです。そこで、横隔膜の下に小人がいて、その小人が横隔膜を引っ張ったり、離したりしている、そういうイメージを使って練習してみましょう。

■エクササイズ⑩　大腰筋呼吸

1　小人をイメージしながら、横隔膜の下あたりに握りこぶしをつくる

181ページを参照して、スカイフック感覚で立ちます。足はやや開きます。横隔膜の裏側の脚を小人が引っ張っているのをイメージし、横隔膜の下あたりに両手で握りこぶしをつくり、縦に重ねます。

2　小人が横隔膜を引っ張るイメージをもち、握りこぶしを下げる

小人が横隔膜を下に引っ張るイメージをもち、同時に自分の手でも横隔膜を下に引っ張るように、握りこぶしを下げます。

握りこぶしを下げるとともに、横隔膜が下に降りて肺が広がり、息が入ってくるのをイメージします。

3　小人が手を離し、息が出ていくのをイメージする

小人が手を離す（自分の手も離す）と、横隔膜が上がり、息が出ていくのをイメージします。

これを繰り返します。

（エクササイズ⑩は『Dynamic Alignment Through Imagery』〈Eric Franklin〉の中に紹介されているエクササイズをアレンジしました）

骨盤底の横隔膜を使う＝全身呼吸

横隔膜を使った呼吸法を練習してきましたが、骨盤底にも横隔膜があります。前者、いわゆる横隔膜を「呼吸横隔膜」と呼び、骨盤底の横隔膜を「骨盤隔膜」あるいは「骨盤横隔膜」と呼びます（171ページ参照）。

呼吸横隔膜が聖堂の屋根だとすれば、骨盤底の横隔膜は聖堂の床です。

全身呼吸は、呼吸横隔膜だけではなく、骨盤横隔膜も使って行なう呼吸です。上部

エクササイズ ⑩

大腰筋呼吸

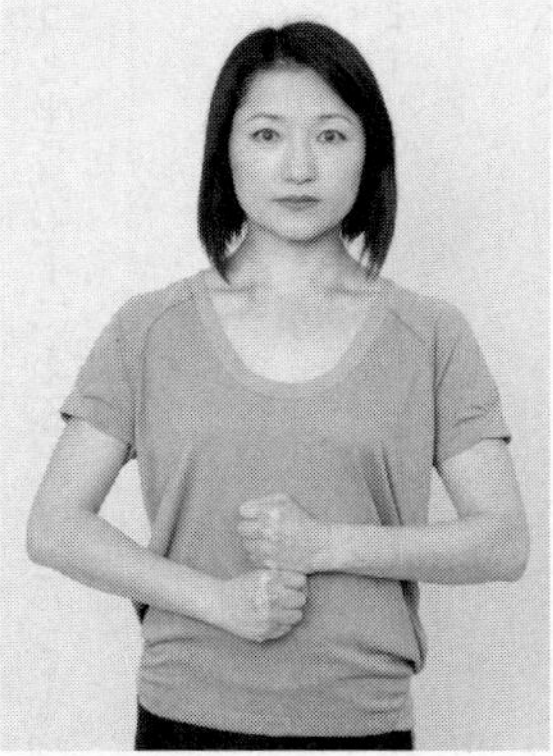

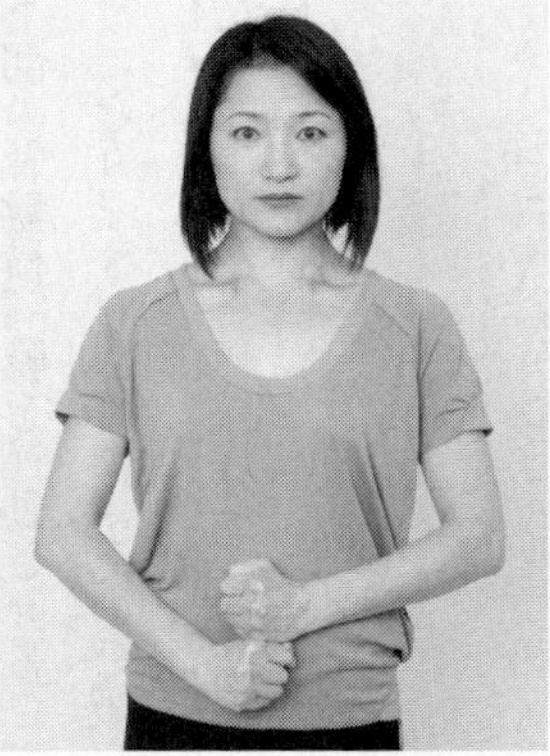

1 小人をイメージし、横隔膜の下に握りこぶしをつくる

足はやや開き、スカイフック感覚で立ちます。横隔膜の下あたりに、両手の握りこぶしを縦に重ねます。このとき、横隔膜の裏側の脚を小人が引っ張っているのをイメージします。両手の握りこぶしは、小人の動きと一緒に動いているとイメージします

2 小人が横隔膜を下げるイメージで、握りこぶしを下げる

横隔膜が下に降りて肺が広がり、息が入ってくるのをイメージします

3 小人が手を離し、息が出ていくのをイメージする

小人が手を離す＝自分も手を離すと、横隔膜が上がり、息が出ていきます

の呼吸横隔膜と下部の骨盤横隔膜を連動させることによって、より深い呼吸を行なうことができるようになります。さらにはその呼吸をしながら、体内の聖堂が息づいている、そういうイメージをしましょう。

■エクササイズ⑪　全身呼吸

1　正座する
骨盤底をイメージしやすいように足を少し開いて正座をします。足の指は重ねず、両方の踵がちょうど坐骨《ざこつ》の下にあるようにします。

2　骨盤底をイメージする
ふたつの坐骨と恥骨《ちこつ》とで三角形の床が作られているのをイメージして座り、骨盤底をイメージします。

3　「骨盤底呼吸」をする

呼吸横隔膜に連動して骨盤底の横隔膜が上下するのをイメージします。息を吸うときに下に降り、吐くときに上がります。息を吸うときに坐骨が踵を押し付けるのを感じるでしょう。

4　聖堂の息遣いを感じる

骨盤底呼吸が自由にできるようになったら、聖堂の屋根である呼吸横隔膜と、聖堂の床である骨盤横隔膜の動きを意識して、体内の聖堂が息づいているのを感じながら、ゆったりとした「全身呼吸」をします。

丹田と呼吸

1章でも触れましたが、『日本の弓術』の著者、オイゲン・ヘリゲルは、弓術の師匠、阿波研造から「丹田で呼吸せよ」と教えられます。

丹田には上中下の三つの丹田がありますが、ふつうにいわれる丹田は下の丹田、臍下《せいか》丹田と呼ばれているところです。そして臍下丹田という言葉通り、それは臍《へそ》の下にあります。

丹田は心と体の精気が集まるとされるところです。スタミナ、根気、元気、やる気の源泉です。

この丹田を意識しながら腹式呼吸をする呼吸を『荘子《そうじ》』の言葉を借りて「真人《しんじん》の呼吸」と名づけましょう。

『荘子』には、「真人の呼吸は踵でする」という文が出てきます。真なる人は、喉《のど》で息をするのではなく、踵でするというのです。「踵」といっても現代語の「かかと」でなく「足裏」から「足首」までの、やや広い範囲を指します。「真人の呼吸」とは、足の裏からする深々たる呼吸をいいます。

むろん本当の真人呼吸などは仙人《せんにん》ではない私などには想像もつかないのですが、しかし足裏から息を入れ、それが肛門、仙骨の前、背骨の前側を通って頭頂にぬける、そういうイメージで呼吸をすることによって、さらに背筋《せすじ》がすっと伸びるのを感じます。

■エクササイズ⑫　真人の呼吸で丹田をイメージする

1　正座をする

足を少し開いて正座をします。足は組まず、両方の踵がちょうど坐骨の下にあるようにします。

2　骨盤底をイメージする

ふたつの坐骨と恥骨で、三角形の床が作られているのをイメージし、骨盤底をイメージします。そして足の裏と肛門がつながっているのを意識します。

3　足裏から呼吸をする

足裏からゆっくり息を吸い、それが肛門、仙骨の前、背骨の前、頭頂にぬけるのを感じます。そしてゆっくり吐きます。

「背」を活性化させる能の動き

能の舞の型「サシ」で、背中の凝りもほぐす

2章で述べたように、背のエリアで最も重要な骨は肩甲骨《けんこうこつ》です。そして、その肩甲骨と背骨をつなげている筋肉が菱形筋《りょうけいきん》です。背のエリアの大腰筋といってもいいでしょう。

大腰筋に比べると菱形筋は小さく、一見そんなに大切な筋肉のようにはみえませんが、肩甲骨と背骨をつなぐことによってコアの力を腕に伝える役割をもつ、とても大切な筋肉なのです。腕は脚と違って体重を支える必要がないために、大腰筋に比べて小さくても問題はないのです。

ところが、近年コンピュータを使う人が多くなり、人類史上、恐《おそ》らくは最大で、そして急激な菱形筋酷使時代が到来しています。そのために、肩凝りや、そしてちょ

肩、首、背中の凝りの原因にもなる菱形筋と僧帽筋

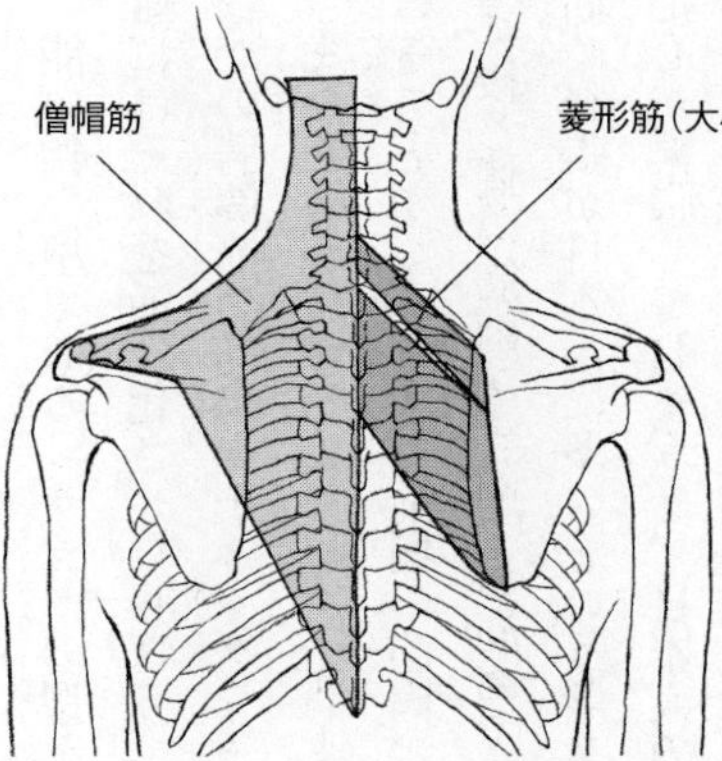

肩甲骨と背骨をつないでいる筋肉が菱形筋。肩、背中、首の凝りを急増させている原因のひとつになっています。菱形筋とともに肩凝りや頭痛を引き起こすのが僧帽筋です。僧帽筋は、菱形筋の上についていて、背中を覆う大きな筋肉です。菱形筋、僧帽筋とも左右両方についています

うど菱形筋があるあたりの背中の凝りを訴える人が激増しています。また、菱形筋は首の下部にもつながっているために首の凝りの原因にもなります。

しかも菱形筋は、その位置がちょうど背中なので、自分でほぐすことはなかなか難しい筋肉です。そこで、能の舞の型である「サシ」の型を行なうことによって、菱形筋の緊張をゆるめ、さらにはそれを活性化させましょう。

ただその前に、そのほかの肩関節の筋肉をチェックしましょう。

肩関節周辺にはさまざまな筋肉が複雑に入り組んでいますが、大きく前側の筋肉群と後ろ側の筋肉群に分けることができます。前側の筋肉は体を屈曲させてしまうので「陰《いん》」の筋肉です。そして後ろ側の筋肉が「陽《よう》」の筋肉です。

陰の筋肉である小胸筋《しょうきょうきん》の緊張が日本人に多いという話を前にしましたが、これに陽の筋肉である菱形筋までもが緊張してしまうと、日本人の肩や首は本当につらくなります。

以下の方法で、陰陽、どちらの筋肉がより癒着《ゆちゃく》して、緊張しているのかをチェックしてみましょう。

1　横になり、腕を上に曲げる

硬いベッドか床に寝ます。上腕は体に垂直に出し、前腕を上に曲げます。そのときに肩を軽く押さえてもらい、肩が浮き上がらないようにします。上腕が、寝ている床などの面につかない場合は、前側の筋肉に癒着があります。

2　腕を下に曲げる

次に前腕を下に曲げます。やはり肩を軽く押さえてもらい、肩が浮き上がらないようにします。前腕が、寝ている床などの面につかない場合は、後ろ側の筋肉に癒着があります。

■エクササイズ⑬　癒着した前側の筋肉をゆるめる

前側の筋肉に癒着がある場合は、大胸筋《だいきょうきん》と小胸筋をゆるめます。

［大胸筋をゆるめる］

大胸筋は胸を覆う大きな筋肉です。肋骨の間に指を入れるようにして、胸式呼吸を行ないながら、それに合わせてゆるめていきます。女性は胸に脂肪があるので、胸骨や鎖骨《さこつ》の付着部を中心にゆるめると全体がゆるんできます。

［小胸筋をゆるめる］

小胸筋は肩甲骨を前に引っ張り出してしまう筋肉です。これはじっくり時間をかけてゆるめるようにしましょう。55ページを参考に、小胸筋がどのようについているのかを確認してから始めます。

1　肩のくぼみを押さえる

肩のくぼみを手で少し強めに押さえます。その奥に小胸筋がついています。

エクササイズ ⑬

癒着した前側の筋肉をゆるめる

小胸筋をゆるめる

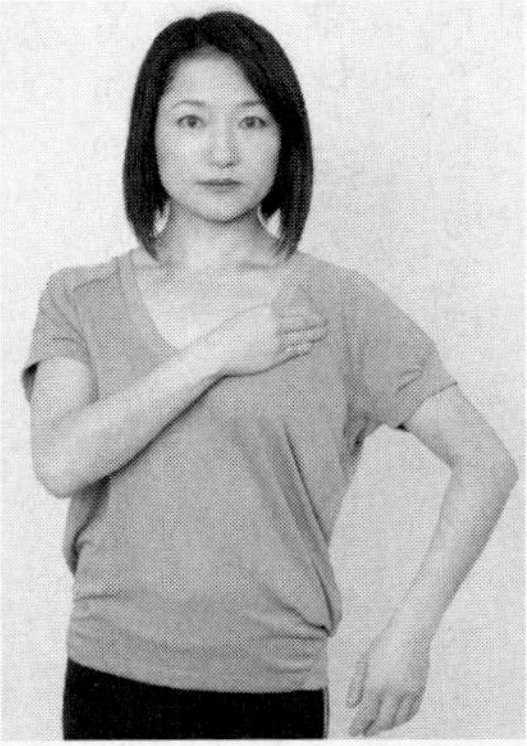

1 肩のくぼみを少し強めに押さえます。その奥に小胸筋がついています

2 小胸筋をイメージし、ゆっくりした呼吸を繰り返しながら肘から腕を動かします

大胸筋をゆるめる

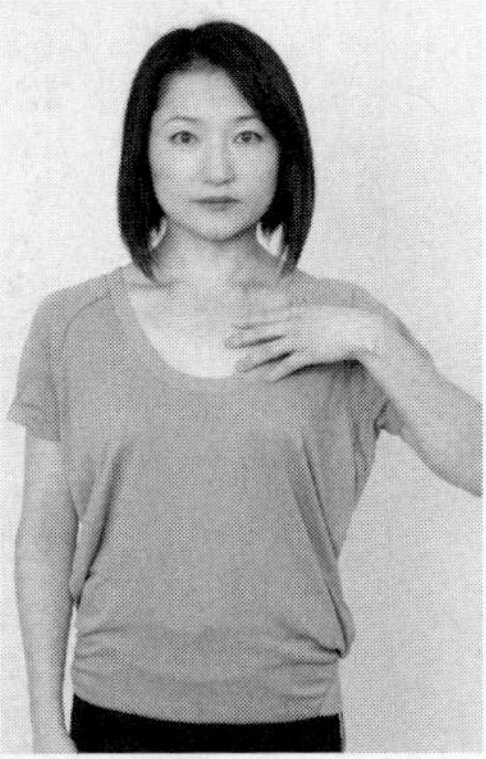

肋骨の間に指を入れるようにして、胸式呼吸を行ないながら、ゆっくりとゆるめていきます。女性は胸に脂肪があるので、胸骨や鎖骨の付着部を中心にゆるめると全体がゆるんできます

2　肘《ひじ》からゆっくり動かす

小胸筋をイメージし、ゆっくりした呼吸を繰り返しながら、肘から腕を動かします。

■エクササイズ⑭　癒着した後ろ側の筋肉をゆるめる

後ろ側の筋肉に癒着がある場合は、まずは大きな筋肉である僧帽筋《そうぼうきん》をゆるめます。そのほかローテーター・カフと呼ばれる筋肉群や、菱形筋もゆるめたいのですが、それらをゆるめるのはひとりでは難しいので、プロに頼んでゆるめてもらいましょう。

ただし菱形筋のゆるめ方に関してはひとりでできるものを紹介しますので、やってみてください。

［僧帽筋をゆるめる］

僧帽筋は背中を覆う大きな筋肉（219ページ参照）で、場所によって働きが違うので

エクササイズ ⑭

癒着した後ろ側の筋肉をゆるめる

僧帽筋をゆるめる

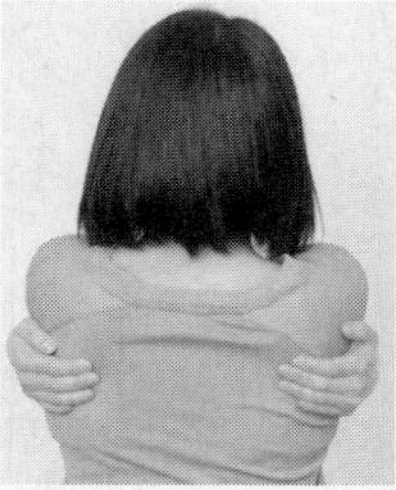

1 肩を抱く

両腕を体の前でクロスさせ、写真のように両手で自分の肩甲骨を摑むように肩を抱きます

2 仰向けに寝て、首を傾ける

ゆっくり息を吐きつつ、凝っている僧帽筋が伸びていく方向に首を傾けます。反対側も行ないます

菱形筋をゆるめる

1 うつぶせになる

2 ゆるめたい側の腕をベッドの下に下ろす

菱形筋を意識しながら、下にあるものを取るつもりで、呼吸をしながら「ゆっくり」「静かに」腕を下ろします。そのまま10秒ほど手を止めます

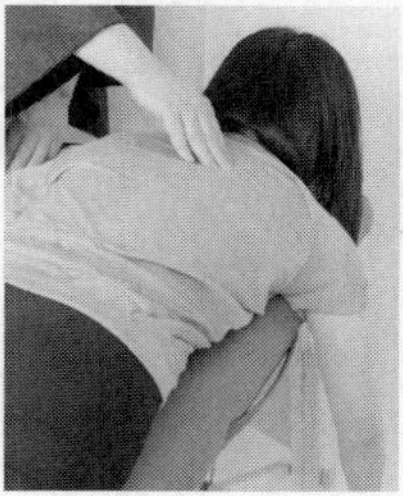

すが、ここでは上部の僧帽筋をゆるめましょう。菱形筋とともにコンピュータを長時間使う人が酷使しやすい筋肉で、首、肩の凝りや頭痛などを引き起こします。

1　肩を抱く
両手で225ページの写真のように、肩甲骨を掴むようにして肩を抱きます。

2　仰向《あおむ》けに寝て、首を傾ける
仰向けに横になります。自分の僧帽筋をイメージします。僧帽筋が伸びるのをイメージしながら、ゆっくり息を吐きつつ、凝っている僧帽筋を伸ばす方向に首を傾けます。反対側も行ないます。

［菱形筋をゆるめる］

1　うつぶせになる
顔や首に負担がかからないようにタオルやクッションなどを胸の下に置き、うつぶせになります。

2 ゆるめたい側の腕をベッドの下に下ろす

やや高いベッドがあるといいのですが、ない場合は胸の下に毛布などを重ねます。

菱形筋を意識しながら、下にあるものを取るようなつもりで「ゆっくり」、そして「静かに」腕を下ろしていきます。補助する人がいれば、背骨と肩甲骨の間にある菱形筋あたりに触れて、手を下ろすのに合わせて軽く押します。

静かに呼吸をしながら、菱形筋をしっかりと意識することと、ゆっくり、静かに行なうことが大切です。そのまま一〇秒ほど手を止めます。反対側も行ないます。

■エクササイズ⑮　凝りも解消する「サシ」の型を練習する

では、菱形筋をゆるめ、活性化させるサシの型を練習してみましょう。型自体はとても簡単ですが、菱形筋をしっかりとイメージして行なうことが大切です。またこの型は、手だけでなく足も連動します。3章の「筋膜ネットワーク」のテクニック（148

ページ参照）です。ゆるめたい筋肉を直接ゆるめなくても目的の筋肉をゆるめられるテクニックです。足と手との連動も意識して行ないましょう。

1　足使いの練習

カマエの姿勢で立ちます。

サシの足使いは左、右と一歩後ろに引く動きです。まず、左足を一歩後ろに引きます。次に、右足を引きます。そのときに両足をそろえます。

2　手を開く

左足を下げるとき菱形筋を意識しながら両手を開きます。このときに胸も開くようにします。また右手は大きく開きますが、左手は右手より軽めに開きます。

3　サス

右足を下げるときに右手で前を指します。左手はカマエの姿勢の位置に戻します。

このときには大胸筋を意識します。

前を指すときに顔が前に行かないように、バック・ヘッド感覚（183ページ）を意識します。

サシでは、反対側の動きはしません。前を指すのは右手だけで行ないますが、左手も軽く開き意識します。左手も意識することで、菱形筋全体が活性化します。

エクササイズ ⑮

凝りも解消する「サシ」の型を練習する

1 足使いの練習

カマエの姿勢で立ちます。まず左足を一歩後ろに引きます。次に右を引き、足をそろえます

2 手を開く

左足を下げるとき菱形筋を意識しながら手を開きます。このとき、胸も開くようにします。右手は大きく開きますが、左手は右手より軽めに開きます

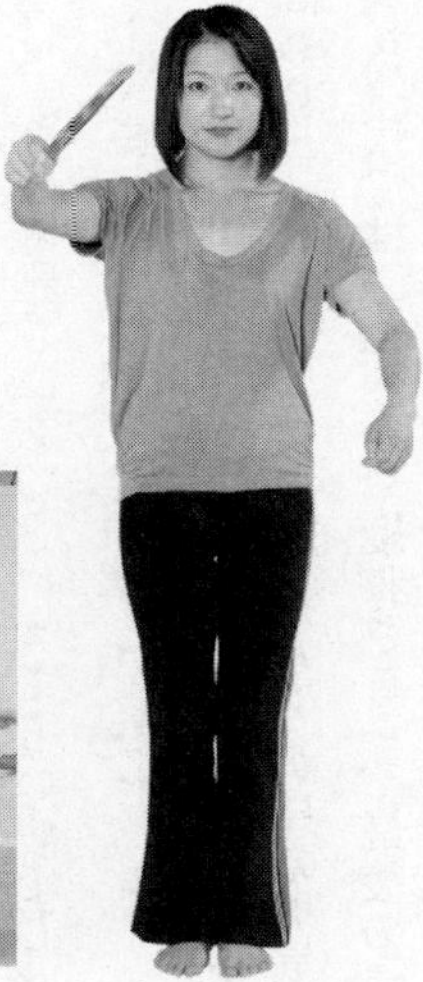

3 サス

右足を下げるときに右手で指します。左手はカマエの位置に戻します。大胸筋を意識します。前を指すときに顔が前に行かないようにバック・ヘッド感覚を意識します

能から学ぶしぐさの作法

優雅なしぐさは、どこからくるか

外国人が能を見て一様に驚くのは、その優雅さです。和のしぐさの特徴は、その優雅さにあるといってもいいでしょう。ですから、能に限らず、日本古来のしぐさはすべて優雅です。日本も含めた東洋においては優雅さは単なる美しさやおしとやかさを超えて、ひとつの「徳」にまで高められていました。思いやりとか真の勇気などの徳目《とくもく》がうそっぽく感じられてしまう現代では、美しさや優雅さこそ、最後の「徳」だといえるかもしれません。

では優雅というのはどういう意味でしょうか。

「優」とは優美という語が示すように「柔らかさ」、「しなやかさ」をいいます。またこれを訓《くん》じた「やさし」は、古語では「教養」も意味しました。ですから「優」とは、しなやかさの中にも教養ある知的な美も備えた人を形容する言葉です。

もうひとつの「雅」は、「みやび」と読まれますが、「隹」がついていることでわかるように、もともとは鳥、それも「烏《からす》」のことです。

『論語《ろんご》』の中で、孔子《こうし》は詩書や礼楽《れいがく》（神様に仕える儀礼）のときに「雅語《がご》」を使ったとあります。神様に仕えるときの特別な言葉が「雅語」なのです。「雅」を「みやび」と読むのは後世のことで、「雅」とは神様に仕えるような敬虔《けいけん》さが含まれている言葉なのです。

また「雅」にはもうひとつのイメージがあります。その原義《げんぎ》が「烏」であるように、烏が羽をひろげて大空に羽ばたく自由さのイメージです。「雅」には、この両義、すなわち神様に仕えるような敬虔な「型」と、そしてその型の中にある「自由さ」が含まれています。ひとつひとつの動作に敬虔さと誠実さとが含まれ、しかしその動きは滑らか、しなやかであり、しかも天衣無縫《てんいむほう》の自由さがあるのです。

そして「優」がそれに加わりますから、そのひとつひとつの動きの中に、深い教養と身体的合理性が感じられる、そのようなしぐさです。

優雅なしぐさを生む「序破急《じょはきゅう》」

メリハリのあるしぐさは和のリズムで

能では優雅さすらも型にしました。それが「序破急」です。同じ動作をしても若々しく見える人とそうでない人がいます。何が違うのでしょうか。それは動き方の質に原因があります。

ゆったりした呼吸は優雅なしぐさを作ります。しかし、ゆっくりといっても「だらした動き」ではありません。優雅なしぐさにはメリハリがあります。

そのメリハリを能では「序破急」というタームで表現しています。「序破急」はもともとは雅楽《ががく》の音楽論から能の中に取り入れられた考えですが、能では音楽論を超えた、とても重要な基本中の基本の思想になっています。

メリハリある優雅な動きを生む和のリズム「序破急」

優雅なしぐさにはメリハリがあります。そのメリハリを能では「序破急」というタームで表現しています。もともとは雅楽の音楽論から能の中に取り入れた考えですが、能では、音楽論を超えたとても重要な基本の思想になっています。たとえば、ある地点からある地点への移動も序破急です

序破急はリズムだけでなく、一日の番組の構成も、また一曲の内部の構成も序破急になっています。そしてこの序破急は入《い》れ子《こ》構造になっていて、たとえば能の中のどこか一部を取り出してみてもすべて序破急になっています。いや一部どころか、ある地点からある地点への移動や、さらには一歩足を踏み出すのも、声を出すということですら序破急です。

序破急は、まさに能そのものといってもいいほどの根本思想です。最初は静かに始まり（序）、そして中頃にメインのことを行ない（破）、そして最後に締める（急）。これが「序破急」の基本です。

しかし同じ「序」といっても、基本通りに静かに始まる「序」もあれば、最初にどーんと迫力のあることをして観客を引きつけるという「序」もあったり、また、じっくりと止める「急」もあれば、颯爽《さっそう》と軽快に締める「急」もあり、その応用はさまざまです。

「型」としての基本の「序破急」は、そこに「自由さ」という応用があって、はじめて活《い》きたものになるのです。

「型」と「自由さ」、まさに「優雅」そのものです。

本当の優雅さ、「形に出て、形を超え」

和の芸事では、「練習」という言葉を使わず「稽古《けいこ》」という言葉を使います。「稽古」というのは「古《いにしへ》を稽《かんが》ふる」と訓じます。「稽」の原義は「神を迎えて神意にはかる」ことです。稽古とは新しいことを学ぶのではなく、神や先祖が、古《いにしえ》から綿々《めんめん》と受け継いできてくれたことを、体現するために師匠から学ぶことです。

よく考えてみれば、私たちは真の意味での創作というのはできません。どんなすごい哲学者でも、ものを考えるときには言葉を使いますが、この言葉自体は昔から伝わったものです。言葉も使わず、図も使わず、数式も使わず、その他昔から伝わった一切のものを使わず、ものを考えたり、表現したりすることは不可能です。いや、美しいと感じたり、斬新と感じたりする、その感覚自体も子どものころから学んだものがベースになっています。

孔子は「自分は古人の言行を今に伝えるだけで創作はしない（述べて作らず）」と述べていますし、英語でも「作曲」することを「組み立てる（compose）」といいます。私たちは自分自身に正直になればなるほど、創作などできはしないということを思い知ります。

だからこそ古人を真似る、それが「稽古」なのです。綿々と連なる伝統を生身の体に伝える師匠という存在、その師匠の一挙手一投足、吐く息、吸う息のひとつひとつまでも真似る。それが稽古です。

しかし、どんなにうまく真似ても、ただ古人をそのまま真似るだけではちょっと足《た》りません。

世阿弥はそれを「無主風《むしゅふう》」、すなわち「主体のない芸風」と呼んで嫌います。伝統という遺伝子を運ぶだけの乗り物に終わらず、そこに今生きている自分という存在が加わって、はじめて本当の意味が生まれてきます。

古人はそれを「形に出て、形を超え」と表現しました。型と自由さ、これこそが本当の「優雅さ」です。

むろん、稽古をはじめて一〇年や二〇年で個性を発揮しようなどと思うのは早すぎるでしょう。何十年も自己を消していく稽古をしていく中で、自然に自分がにじみ出てくる、それが形を超えることなのかもしれません。

長い、長い時が必要です。

だからこそ日本人はいくつになっても、いや年を取れば取るほど、美しく、そして優雅なのです。

能をはじめとする和の身体作法は、「優雅」という徳を習得するための身体作法だということができるでしょう。それはスポーツのように何かができるようになることが目標なのではなく、動きそれ自体、あるいは生き方それ自体が目的です。

内側からの強さとしなやかさ、優雅な動き、そのような身体作法を稽古していく中で、自然に疲れない体も手に入れることができます。

立つ、歩く、座るなどの日常の動作、そして毎日のちょっとしたしぐさが、私たちを古人に近づける稽古になります。ふだんの動作、それをちょっと意識的に行なうようにしてみてください。きっと何かが変わります。

おわりに

最後までお読みいただき、ありがとうございました。もう最後なので、正直に言ってしまいましょう。

こんな本を書いておいてナンなのですが、私には能の才能がありません。稽古《けいこ》をしていても本当にダメだなと思うし、ほかのワキ方《かた》の人の舞台を見ても、みんな自分より格段にうまいと感じます。

大体、人はうぬぼれが強いもので、自分より下手だと思ったら自分と同じくらい、自分と同じくらいと思ったら自分よりもかなりうまいと思えといいます。相手のほうがかなりうまいと感じるわけですから、これは実力としてはかなりの差があるに違いありません。

これはあとで能の先輩に聞いた話なのですが、入門した当初、先生（師匠）の奥様は「あんな弱い声で本当にワキが勤まるのかしら」と心配してくださっていたとのことです。

しかし、能の稽古方法というのはすごいもので、こんな私でも舞台に出て謡《うたい》を謡《うた》えるくらいまでにはなりました。たぶん私より格段の才能があるみなさんのこと、いや私と同じように才能がない人でも、こつこつと続けていけば必ず何かが変わるはずです。

ボディワークで大切なことは、何かが上手にできるようになることではありません。動きそのものが目的です。

過去の記憶を刻み込んだ日常のしぐさや身振りとは全然違った、ゆったりした能の動きに身を任せているとき、気がつけばただその動きに没頭している自分を発見するでしょう。そして、そこには日常の自分の動きを超越した本当に自由で楽な動きがあります。

本文に書きました『易経』には「生生《せいせい》これを易《えき》という」とあります。「生きて、生きて、そしてまた生きる」。人は死ぬまで成長しつづけます。いや死ですら、新たな世界への再誕生のきっかけかもしれません。

もう遅いとか、まだ早いとか思わず、ぜひ今から自由で楽な体を取り戻しはじめてください。

また、本書で能とボディワークの面白さを感じられた方、もっとたくさんエクササイズをしたいという方は、ちょっとでも謡や仕舞《しまい》のお稽古をされてみてはいかがでしょうか。すぐに先生についての入門は敷居《しきい》が高いという方にはカルチャーセンターで講座がありますので、まずは体験してみてください。

最後に舞の指導をしてくださった観世流能楽師の津村禮次郎先生、足立禮子先生、そして津村先生の指導のもと能の型に挑戦していただいた舞台俳優の水野《みずの》ゆふさんに感謝をいたします。

またなかなか筆の進まない私に、飴だけで激励してくれた編集部のおかげで本書はできあがりました。

そして、何より誰より、私を能の世界に誘い、気長に、広い心で導いてくださっている鏑木岑男先生には、感謝などという言葉では言い尽くせないほどの恩義を感じております。

本書をお読みくださったみなさん、本当にありがとうございます。

二〇〇六年五月

安田《やすだ》登《のぼる》

文庫化に際してのあとがき

この本は私の出世作です。というか、一般の方にも読んでいただいた最初の本といってもいいでしょう。それまでにも身体系の本は何冊か書いていました。が、それらはスポーツ選手や武道家の方たち向けの本で、書店の売り場でも一般の方がなかなか足を運ばない棚に置かれていました。

そのせいもあり、朝日カルチャーセンターなどで講座を開くと、参加されるのは筋骨隆々としたスポーツマンか眼光鋭い武道家の方たちばかり。しかし、この本が出てからは、ご高齢の方やスポーツ系ではない女性も講座に参加されるようになり、スポーツや武道に興味のない方からも、読後の感想をいただくようになりました。

本文にも触れましたが、本書は「なぜ能楽師は高齢でも現役でいられるのか」という疑問から始まりました。能の世界に余所者《よそもの》として飛び込んだ私にとっては、これは摩訶《まか》不思議なことでした。

しかも、能楽師の多くは健康に気を使わない。スポーツクラブなどで身体のメンテナンスをしているなんて人もほとんどいないし、夜は遅くまで飲んでいる人も多い。食事だって気にしない。それなのに元気なのです。

その疑問が氷解したのが、ロルフィングを学んだときでした。ロルフィングの資格を取るには、約二カ月にわたるトレーニングのフェイズ（段階）を三度クリアしなければなりません。各々のフェイズには試験やレポートが課せられ、パスしなければ次のトレーニングに進めません。

トレーニングのフェイズ2で、自分で選んだテーマを研究し、その成果を講師や受講生の前で発表するという課題がありました。私は、同学の溝辺《みぞべ》英子《えいこ》さんとともに、高齢でも現役を続ける能楽師の身体について研究することにしました。溝辺さんは自身がスポーツ選手であっただけでなく、セレブ御用達のスポーツクラブで長年インストラクターをつとめた、スポーツ教育のプロです。

そんな溝辺さんと能楽師の身体技法について研究するうちに、どうもこれは能の動きそのものに深層筋を使うものが多く、そして、それは一般の方の健康にも応用できるのではないかと気づいたのでした。

日本では深層筋なんて言葉は、まだまだなじみの薄いころで、私の周囲でも、友人の整形外科医や武道家などのマニアックな人だけが注目してくれた時期でした。それが、祥伝社さんの編集部の目に留まり、このように一般の方にも読まれるようになりました。

そして、今度は文庫にもなるという。もっとたくさんの方に読まれ、そしてもっと活用していただけると思うと、とても嬉しいです。

本書で能とボディワークの面白さを感じられた方、もっとたくさんエクササイズをしたいという方は、『ゆるめてリセット　ロルフィング教室』『能に学ぶ「和」の呼吸法』（ともに祥伝社）をお読みいただけると幸甚です。

本書にも紹介した「すり足」が深層筋、特に大腰筋を活性化させるであろうことは、本書執筆時には、ご高齢の能楽師の動きを拝見したり、自分の実践による実感からの提案でした。が、その後、テレビ番組の企画で私の大腰筋を計測してもらったところ、五十四歳の私の大腰筋は二十代平均ほどの太さがあることがわかりました。私はワキ方という、舞台上で舞うことがない役の流儀に属しています。すり足といえば、橋掛《はしがか》りという長い廊下のようなところを通って舞台に出て、戻ってくる程度。その程度のすり足でも大腰筋は活性化されるのです。

どうぞみなさんも、少しずつでもいいので本書のエクササイズを実践してみてください。とはいえ、エクササイズは本だけではわかりにくいものです。そういう方のために朝日カルチャーセンター（主に新宿）で講座を開いています。また、広尾のお寺（東江寺《とうこうじ》）では月に二度ほど『論語』を中心にした寺子屋を開いております。詳細は「和と輪」のホームページをご覧ください。

また、中に紹介しているエクササイズは、ご自由にアレンジ、ご使用ください。

二〇一一年六月

安田　登

アルはありません。
●1回のセッション時間は、1時間半から2時間ほどで、1セッション、12000円から18000円くらい(ロルファーによって異なる)です。支払いは毎回行なわれ、最初に全額を支払う必要はありません。
●セッションは、手技のみで行なわれます。手が直接触れることができるような服装で受けます。
●治療ではないので、そのようなことは期待しないでください。心理面も一切、扱いません。
●ロルフィングは、いわゆる「いい姿勢」を作ることも目的にしていません。
●ロルフィングは、いわゆるマッサージや整体ではなく、ボディワークです。受ける人にも参加が要求されます。「何とかしてほしい」という受け身では、変化は期待できません。ぜひ、積極的な態度で受けてください。
●ロルファーの選択は大切です。事前に電話でよく相談をするか、あるいは直接会って、相性をしっかりと確認してから受けるようにしてください。なお、ロルファーの方から、断わられる場合もあります。
●ロルフィングは、リラクゼーションを目的にしておりませんが、ロルファーは、リラクゼーションを目的とした手技である「スキルフル・タッチ」を行なうことができます。希望される場合は、ロルファーにお申し出ください。ただし、これは10セッションとは別に行なわれます。
●現在かかっている病気の種類によっては、ロルフィングを受けることを見合わせたほうがいい場合もあるので、事前にお問い合わせください。
●現在のロルフィングは、まったく痛くありません。少しでも痛かったら、その旨をロルファーにお伝えください。
●そのほか、注意事項はロルファーによって違うので、事前にお問い合わせを。

ロルフィングについて

本書の中でたびたび登場したロルフィングを受けてみたいという方のために、ロルフィングについて簡単な説明をします。

●ロルフィングの基本は、10回(最大12回)で完了します。それから数年〜十数年は、10セッションを再び受ける必要はありません。
●ただし、非常に無理な体の使い方をしたり、あるいは特別な体の使い方をして、ロルファー(ロルフィングの施術者)からワークを受けたい場合は、1回〜3回ほどのポスト・セッションが用意されています。
●全10回の概要は次の通りです。

1回〜3回：ディファレンシエーション(1) 表層の筋肉群
癒着している筋膜同士をはがして、筋肉ひとつひとつを独立させ、動きの自由さを取り戻します。最初の3回では表層の筋肉群を扱います。

4回〜7回：ディファレンシエーション(2) 深層の筋肉群
表層筋の奥に眠る深層筋にアプローチします。上半身と下半身を結ぶ「大腰筋」や、顔・首の筋肉群、背骨周辺の筋肉群も扱います。

8回〜10回：インテグレーション(統合)
ディファレンシエーションのワークによって独立させた筋肉群を、再び統合して繋げ、動きに連動性を取り戻します。インテグレーションとは、「統合」という意味のほかに「積分」という意味もあります。身体のまったく新しい次元の可能性を提案するのも、インテグレーションのワークの特徴です。

●上記はあくまでも概要で、ロルファーによって、また受ける方によって、内容・順番が変化します。ロルフィングにマニュ

大貫 毅朗　おおぬき たけお

「朝日カルチャーセンター」の講座や、さまざまな講座・ワークショップやプロジェクトをいつもいっしょに行なう仲間です。もっとも信頼できる友人のひとりです。引きこもりや不登校の子たちと「奥の細道」を歩くプロジェクトにもロルファーとして参加してくれ、1日8時間歩き、足の不調を訴える参加者に施術してくれました。
http://www.salon-axis.com/

楠美 奈生　くすみ なお

現役コンテンポラリー・ダンサー（近藤良平《こんどうりょうへい》の作品にも参加）という異色ロルファー。講座やワークショップをともに行なうだけでなく、パフォーマンスもいっしょにします。那須の二期倶楽部で夏に行なわれる「山のシューレ」ではワークショップや創作パフォーマンスもいっしょに行なっています。
http://naokusumi.com/

溝辺 英子　みぞべ えいこ

ロルフィングのトレーニング中は、お互いにロルフィングをし合った仲間。さっぱりした性格のスポーツ系ロルファーですが、いまはお年寄りに体の使い方や、いたわり方なども指導しています。いっしょにワークショップや講座などをしています。
http://hmf-rolfing.com/index.htm

※日本ロルフィング協会
お近くのロルファーは、日本ロルフィング協会のホームページでお探しください。http://www.rolfing.or.jp/

※もっと詳細に知りたい方は、「和《わ》と輪《わ》」のホームページをご覧ください。http://www.watowa.net/

おすすめロルファー

現在、私(著者)自身はほとんどロルフィングをしていません。そこで、おすすめのロルファーを紹介します。

田畑 浩良　たはた ひろよし

田畑さんのロルフィングを受けて、体の可能性に気づきました。自分の体を見つめなおしてみたいと積極的に思っている方には、文句なしにおすすめです。ただ、セッションをしている時間が短いので、なかなか予約が取りにくいかもしれません。

http://www.rolfinger.com/
電話:03-3461-5462　Eメール:rolfer@rolfinger.com

中村 直美　なかむら なおみ

林望氏も、私も、体に不調があると駆け込むのが中村直美さんです。オペラ歌手、武道家などの専門家も多く訪れていますが、一般の方にも優しい女性ロルファーです。本書で紹介したエクササイズにも、中村さん考案のものが数多く含まれています。

http://www.rolfer.jp/
ファクシミリ:03-5936-8998　携帯:080-5685-7003
Eメール:nakamura@rolfer.jp

藤本 靖　ふじもと やすし

本書でも紹介した実践・研究両分野に秀でた数少ないロルファーです。自身も表現者であるため、バレエや歌などの表現者が多く訪れています。本書で紹介した論文は、藤本さんにお問い合わせください。

http://www.all-blue.com/
携帯:090-4004-9228　Eメール:y-fujimoto@abeam.ocn.ne.jp

参考文献

ボディワーク関連

『Rolfing』Ida P. Rolf(Healing Arts Press)
『Balancing Your Body』Mary Bond(Healing Arts Press)
『Dynamic Alignment Through Imagery』Eric Franklin(Human Kinetics)
『Deep Tissue Massage』Art Riggs(North Atlantic Books)
『Anatomy Trains』Thomas W. Myers(Churchill Livingstone)
『The Endless Web』R. Louis Schultz(North Atlantic Books)
『ネッター解剖学アトラス』Frank H. Netter(著)、相磯貞和(翻訳)(南江堂)
『日本人体解剖学』金子丑之助(南山堂)
『Trail Guide to the Body(ボディ・ナビゲーション)』Andrew R. Biel(Books of Discovery)
『Atlas of Skeletal Muscles』Robert J. Stone, Judith A. Stone(McGraw-Hill Higher Education)
『クリニカルマッサージ』James H. Clay(著)、David M. Pounds(著)、大谷素明(翻訳)(医道の日本社)
『人体に隠された進化史』(「ニュートン」2005,11)
『ロルフィング概説』藤本靖

和の身体関連

『日本の弓術』オイゲン・ヘリゲル(述)、柴田治三郎(翻訳)(岩波文庫)
『弓と禅』オイゲン・ヘリゲル(著)、稲富栄次郎・上田武(翻訳)(福村出版)
『五輪書』宮本武蔵(著)、渡辺一郎(校注)(岩波文庫)
『兵法家伝書—付・新陰流兵法目録事』柳生宗矩(著)、渡辺一郎(校注)(岩波文庫)

中国古典関連

『周易・伝習録』王弼、伊藤東涯(注)(漢文大系第16巻)(冨山房)
『I CHING』Richard Wilhelm(訳)、C. G. ユング(序文)(PENGUIN)
『大学説(章句)・中庸説(章句)・論語集説・孟子定本』(漢文大系第1巻)(冨山房)
『老子翼、荘子翼』(漢文大系第9巻)(冨山房)
『字通』白川静(平凡社)
『漢字の起原』加藤常賢(角川書店)
『中国古代の宗教と文化』赤塚忠(角川書店)
『洗心洞箚記』大塩中斎(日本思想大系46「佐藤一斎・大塩中斎」)(岩波書店)

そのほか

『ゴシックの図像学』エミール・マール(著)、田中仁彦(翻訳)、磯見辰典(翻訳)、池田健二(翻訳)、細田直孝(翻訳)(国書刊行会)
『シャルトル大聖堂』磯崎新(磯崎新の建築談議06)(六耀社)
『サトル・ボディのユング心理学』老松克博(トランスビュー)
『何を、どう祈ればいいか』アントニー・デ・メロ(著)、裏辻洋二(翻訳)(女子パウロ会)
『延命十句観音経講話』原田祖岳(大蔵出版)

疲れない体をつくる「和」の身体作法

一〇〇字書評

切り取り線

購買動機（新聞、雑誌名を記入するか、あるいは○をつけてください）	
□（　　　　　　　　）の広告を見て	
□（　　　　　　　　）の書評を見て	
□ 知人のすすめで	□ タイトルに惹かれて
□ カバーがよかったから	□ 内容が面白そうだから
□ 好きな作家だから	□ 好きな分野の本だから

●最近、最も感銘を受けた作品名をお書きください

●あなたのお好きな作家名をお書きください

●その他、ご要望がありましたらお書きください

住所	〒				
氏名		職業		年齢	
新刊情報等のパソコンメール配信を 希望する・しない	Eメール	※携帯には配信できません			

あなたにお願い

この本の感想を、編集部までお寄せいただけたらありがたく存じます。今後の企画の参考にさせていただきます。Eメールでも結構です。

いただいた「一〇〇字書評」は、新聞・雑誌等に紹介させていただくことがあります。その場合はお礼として特製図書カードを差し上げます。

前ページの原稿用紙に書評をお書きの上、切り取り、左記までお送り下さい。宛先の住所は不要です。

なお、ご記入いただいたお名前、ご住所等は、書評紹介の事前了解、謝礼のお届けのためだけに利用し、そのほかの目的のために利用することはありません。

〒一〇一－八七〇一
祥伝社黄金文庫編集長　栗原和子
☎〇三（三二六五）二〇八四
ohgon@shodensha.co.jp

祥伝社ホームページの「ブックレビュー」からも、書けるようになりました。

www.shodensha.co.jp/bookreview

祥伝社黄金文庫

疲《つか》れない体《からだ》をつくる「和《わ》」の身体《しんたい》作法《さほう》

平成23年6月20日　初版第1刷発行
令和 7 年5月30日　　　　第6刷発行

著　者　安田《やすだ》 登《のぼる》

発行者　辻 浩明

発行所　祥伝社《しょうでんしゃ》

〒101－8701
東京都千代田区神田神保町3－3
電話　03（3265）2084（編集）
電話　03（3265）2081（販売）
電話　03（3265）3622（製作）
www.shodensha.co.jp

印刷所　萩原印刷

製本所　ナショナル製本

Printed in Japan　© 2011, Noboru Yasuda　ISBN978-4-396-31545-0 C0177